JN292189

日本労働法学会誌111号

労働法における セーフティネットの 再構築

——最低賃金と雇用保険を中心として

日本労働法学会編
2008
法律文化社

目　次

《シンポジウム》
労働法におけるセーフティネットの再構築
── 最低賃金と雇用保険を中心として

《報　告》

シンポジウムの趣旨と構成…………………………………中窪　裕也　3
最低賃金法の再検討…………………………………………柳澤　　武　11
　　──安全網としての機能──
失業時の生活保障としての雇用保険………………………丸谷　浩介　30
雇用保険給付の政策目的とその役割………………………山下　　昇　46
再就職支援に果たすハローワークの役割…………………中内　　哲　63
　　──失業認定・職業紹介の現状と課題──
雇用社会のリスク社会化とセーフティネット……………矢野　昌浩　80

《シンポジウムの記録》

労働法におけるセーフティネットの再構築………………………　96
　　──最低賃金と雇用保険を中心として

《回顧と展望》

改正パートタイム労働法……………………………………奥田　香子　121
雇用対策法の意義と問題点…………………………………紺屋　博昭　130
　　──若年者らの就業促進および雇用機会の確保と
　　　募集採用時の年齢制限の禁止──

職種限定契約における配転命令の可否……………佐藤　敬二　140
　　──東京海上日動火災保険事件・
　　　東京地判平19・3・26判時1965号3頁──
大工の負傷と労災保険法上の労働者性……………國武　英生　150
　　──藤沢労基署長（大工負傷）事件・
　　　最一小判平19・6・28労判940号11頁──
労働者派遣法40条の4に基づく雇用契約申込義務……富永　晃一　159
　　──松下プラズマディスプレイ（パスコ）事件・
　　　大阪地判平19・4・26労判941号5頁──
会社分割と労働契約の承継拒否………………………春田吉備彦　168
　　──日本アイ・ビー・エム（会社分割）事件・
　　　横浜地判平19・5・29労判942号5頁──

日本学術会議報告……………………………………浅倉むつ子　181
日本労働法学会第114回大会記事………………………………　183
日本労働法学会第115回大会案内………………………………　188
日本労働法学会規約……………………………………………　190
SUMMARY ………………………………………………………　193

《シンポジウム》
労働法におけるセーフティネットの再構築
——最低賃金と雇用保険を中心として

シンポジウムの趣旨と構成	中窪　裕也
最低賃金法の再検討	柳澤　武
——安全網としての機能——	
失業時の生活保障としての雇用保険	丸谷　浩介
雇用保険給付の政策目的とその役割	山下　昇
再就職支援に果たすハローワークの役割	中内　哲
——失業認定・職業紹介の現状と課題——	
雇用社会のリスク社会化とセーフティネット	矢野　昌浩

《シンポジウムの記録》

シンポジウムの趣旨と構成

中　窪　裕　也

（一橋大学）

　本シンポジウム「労働法におけるセーフティネットの再構築——最低賃金と雇用保険を中心として」の趣旨と構成について，最初に，報告者グループを代表する形で，ごく簡単に説明を行っておきたい。

（1）　わが国の雇用社会においては，周知のように，正規従業員のいわゆる終身雇用を支柱とする「雇用の安定」が格別に重視され，高度経済成長の時代はもちろん，オイルショック以後の低成長経済の下でも，2％台という失業率の低さを誇っていた。しかし，1990年代に入ると，バブル崩壊後の長期不況の中で，企業の倒産や従業員の解雇・リストラが頻発するようになる。これにともなって失業率も大きく上昇し（【表1】を参照），2002年には年平均で5.4％という最悪の数字を記録した。その後，状況は徐々に改善に向かい，2006年の年平均失業率は4.1％，2007年には4％を下回るほどになったが，経済・社会システムそのものが構造的な変化を遂げた今日，労働者にとって「失業」のリスクは，以前とは比較にならないほどの現実味を有している。

　また，この過程で，多くの企業が正規従業員のスリム化を進め，契約社員やパート，派遣などの非正規従業員の比率は高まるばかりである。そのことが，外部労働市場を活性化させるという側面はあるものの，社会全体における雇用の流動性（不安定さ）を高めるとともに，賃金をはじめとする労働条件の「格差」の問題を深刻化させている。主婦パートのような家計補助的な就労であればともかく，就職氷河期の新卒フリーターや中高年の離職者などの場合，非正規雇用によって家族を養っていくだけの収入を得ることは難しく，ワーキングプアの問題が注目を集めるようになった。

（2）　今回のシンポジウムは，このような新しい状況が，労働法に「セーフテ

シンポジウム（報告①）

【表1】　主要国の失業率の推移

(ILO 定義で OECD が調整して算出した数値)

年	日本	アメリカ	イギリス	ドイツ	フランス
1990	2.1	5.6	6.9	4.8*	8.5
94	2.9	6.1	9.3	8.3	11.7
95	3.2	5.6	8.5	8.0	11.1
96	3.4	5.4	7.9	8.6	11.6
97	3.4	4.9	6.8	9.2	11.5
98	4.1	4.5	6.1	8.8	11.1
99	4.7	4.2	5.9	7.9	10.5
2000	4.7	4.0	5.4	7.2	9.1
01	5.0	4.7	5.0	7.4	8.4
02	5.4	5.8	5.1	8.2	8.7
03	5.3	6.0	4.9	9.1	9.4
04	4.7	5.5	4.7	9.5	9.6
05	4.4	5.1	4.8	9.5	9.7
06	4.1	4.6	5.3	8.4	9.4

資料出所：OECD "Employment Outlook 2007"
（注）　1990年のドイツの数字は旧西ドイツ地域のみ。

ィネットの再構築」という課題を投げかけているとの認識にもとづき，特に最低賃金と雇用保険に焦点をあてて，考察を行うものである。これに関して，2つの点を敷衍しておく必要があろう。

第1に，「セーフティネット」という概念についてである。比喩の言葉の常として，あいまいかつ多義的であり，それが何を意味すべきかについて様々な見解があると思われるが，ここでは，あえて単純に，働くことによって生活を支える労働者にとっての所得保障を考えている。

つまり，労働者が雇用されて働く場合には，その賃金額についてぎりぎりの

下支えとなるのは，最低賃金である。また，労働者が職を失い，賃金収入の途を閉ざされた場合に，当座の生活を支えるのは，雇用保険から支給される基本手当である。その支給は公共職業安定所における求職申込みを前提とし，失業者ができるだけ早く再就職を果たして賃金を得る生活へ戻る，というサイクルが想定されている。このように，最低賃金と雇用保険は，労働者の経済生活を守るための車の両輪のような役割を果たしており，その両方を見ることによって，労働者にとってのセーフティネットの全体像がより明確に浮かび上がるのではないか，というのが，われわれの基本的な問題意識である。

もちろん，たとえば労働時間の規制や安全衛生の確保も，労働者にとっての重要なセーフティネットではないか，という考え方はありえよう。しかし，それでは話が労働法の全体に拡散してしまう恐れがあるので，ここでは，前記のように，労働者の所得保障，経済生活の下支えという機能に焦点を絞っている。他方で，生活に困窮する国民の最後の砦としては，公的扶助たる生活保護がある。労働者もぎりぎりの場面になれば，その保護を受けることができることは当然であるが，タイトルに「労働法における」という限定を付したように，われわれの関心はあくまでも労働法であり，社会保障プロパーの問題は取り上げない。ただ，昨年11月に国会を通過した改正最低賃金法の規定（新9条3項）が示すように，労働法を議論する場合においても，社会保障制度との連関や整合性を意識する必要がある。以下の諸報告においても，その点は視野に入れているつもりである。

第2に，最低賃金および雇用保険をいま取り上げる意味，そして「再構築」という言葉である。その基礎には，最低賃金も雇用保険も，わが国では戦後生まれの制度であるが，両者ともそれなりの歴史を積み重ねて発展してきたという事実がある[1]。

すなわち，1947年3月に制定された労働基準法には，28条以下に最低賃金の

---

1) 両制度の経緯については，労働調査会出版局編『改訂2版・最低賃金法の詳解』19頁以下（労働調査会，2005年），労務行政研究所編『新版・雇用保険法（コンメンタール）』44頁以下（労務行政，2004年），濱口桂一郎『労働法政策』99頁以下および289頁以下（ミネルヴァ書房，2004年）を参照。

シンポジウム（報告①）

規定が含まれており，また，同年11月には，雇用保険法の前身である失業保険法が制定された。もちろん，労基法の最低賃金規定は実際には活用されることはなく，1959年に労基法から分離する形で「最低賃金法」が制定された後も，業者間協定という特異な方式がとられていたが，1968年の法改正で現行の仕組みが採用されて以降は制度の普及が進み，1976年には全国の都道府県に地域別最低賃金が設けられるに至った。また，1978年には中央最低賃金審議会による目安制度が採用され，今日のシステムが定着した。他方，失業保険法は，戦後期における失業対策の柱として重要な役割を果たしたが，その後の経済社会の変化に対応するために，1974年の全面改正で「雇用保険法」に生まれ変わった。失業時の給付に加えて3事業という独特の仕組みを採用し，失業の予防，雇用の安定等のために積極的な施策を行うようになったのである。また，1990年代には，雇用継続給付，教育訓練給付という「失業」を前提としない給付も設けられた。

このように，最低賃金にしても失業保険にしても，わが国の労働法体系の重要な一翼を担う，伝統ある制度と言えるが，最近，いずれも大きな変革の動きの中にある[2]。最低賃金法については，2007年に久方ぶりとなる本格的な改正が行われ，最低賃金の体系を整序する形で，地域別最低賃金の必要的設定，産業別最低賃金の廃止と特定最低賃金の新設，罰則の強化などが盛り込まれた。また，雇用保険法については，2000年，2003年，2007年と改正が重ねられ，その中で，倒産・解雇等による特定受給資格者とそれ以外の受給資格者の分別など，基本手当の給付体系にかなり根本的な変更がもたらされた。これらの背後に，先に見たような，近年のわが国の「雇用」を取り巻く環境の変化があることは言うまでもない。

このような変動の時期にある最低賃金法および雇用保険法について，大きな視野から検討を加え，「再構築」という形で今後の方向性を論じることは，労働法学会にとって必要かつ有意義ではないかと思われる。ちなみに，学会のシンポジウムで最低賃金が取り上げられたことは，過去に例がないようである。

---

2) それぞれの法律の2007年改正に関する筆者の解説として，中窪裕也「Key Word：最低賃金」法学教室330号2頁（2008年），同「雇用保険法の改正」NBL 858号58頁（2007年）。

他方，雇用保険については，「雇用政策法の基本原理」をテーマとする2003年秋のシンポジウムで，関西大学の藤原稔弘会員が充実した報告を行っており[3]，われわれも参考にさせていただいた。労働者の中でも最も弱い部分を下支えする，これら2つの制度を取り上げることは，いわゆる「自立した労働者」像では捉えきれない労働法の奥行きを確認する機会ともなりえよう。

　(3)　今回の報告者グループは，2005年に発足した雇用保険（失業保険）制度の国際比較の研究プロジェクト[4]が母体となっている。その中で，失業保険に加えて最低賃金も検討対象とすることにより，各国の雇用法制や労使関係の構造をより立体的に把握できるのではないかと考えて，両者を取り扱うとともに，それらと対照すべき日本の制度についても，実務的な部分も含めて研究を行ってきた。

　【表2】は，参考のために，イギリス，フランス，ドイツ，アメリカ，中国の5か国の最低賃金制度および失業保険制度について，概要をまとめたものである[5]。それぞれに特徴的であり，多様性が目立つ気がするが，法律はなくても労働協約によって規制がなされるドイツの最低賃金を含めれば，どの国にも最低賃金および失業保険の制度が存在するという事実そのものに注目しておきたい。我田引水に響くかもしれないが，これらは労働市場が適正に機能するための不可欠のメカニズムと言うべきではないだろうか。

　最後に，メインとなる5つの報告の構成と位置づけを示しておこう。第1に，最低賃金制度については，柳澤報告がその全体を取り扱う。第2に，雇用保険については3つの領域に分け，①丸谷報告は，制度の最も根幹部分に位置する，基本手当を中心とした失業者への給付について，②山下報告は，わが国の雇用保険制度の大きな特徴となっている，政策的色彩の強い給付や事業について，

---

[3]　藤原稔弘「雇用保険法制の再検討」日本労働法学会誌103号52頁（2004年）。

[4]　平成17～19年度科学研究費補助金・基盤研究（B）「雇用保険制度の比較法的研究」。本稿および以下に掲載される5つの論文も，この研究の成果の一部である。

[5]　より詳しい情報は，現在作成中の研究報告書の中に収められる予定である。その他，諸外国の最低賃金制度および失業保険制度については，『諸外国における最低賃金制度』（日本労働研究機構，2003年），「特集・主要国の最低賃金をめぐる現状と課題」世界の労働57巻11号（2007年），岡伸一『失業保障制度の国際比較』（学文社，2004年），労務行政研究所編・前掲注1）書945頁以下。

シンポジウム（報告①）

【表2】 各国の最低

	イギリス	フランス
最低賃金	①根拠法 ・1998年 全国最低賃金法（National Minimum Wage Act） 　※1993年に賃金審議会による最低賃金制度が廃止され，労働党政権で復活 ②最低賃金の決め方，現行額 ・審議会方式（三者構成の低賃金委員会の諮問を受けて国務大臣が最低賃金額を決定） ・全国一律 | 22歳以上 | 5.52ポンド | | 18-21歳 | 4.60ポンド | | 16-17歳 | 3.40ポンド |	①根拠法 ・1970年1月2日の法律（SMIC）と協約拡張方式による最低賃金が併存 ②最低賃金の決め方，現行額 ・全国一律最低賃金 ・審議会方式（三者構成の団体交渉全国委員会の諮問にもとづき政令で決定）と，物価スライド制（省令） ・時間あたり，8.44ユーロ ・月額1,280.07ユーロ
失業保険	①根拠法 ・1995年求職者法（Jobseekers Act） ②給付内容 ・給付水準　一律定額・週あたり | 25歳以上 | 59.15ポンド | | 18-24歳 | 46.85ポンド | | 16-17歳 | 35.65ポンド | ・給付期間　保険料拠出に基づく給付は最大182日 ③保険料 ・国民保険料として，労働者11％，使用者12.8％の所得比例 ④拠出に基づかない扶助的給付 ・資力調査制の求職者給付　給付水準は保険料拠出に基づく給付と同じだが，貯蓄額に応じて減額される ⑤職業紹介との関係 ・ジョブセンタープラスで職業紹介と給付事務を同時に実施 ・求職活動や職業訓練に関する求職者協定を締結することが受給要件	①根拠法 ・労働法典 ・2006年1月18日の協約（全国職際協定） ②給付内容 ・基準賃金日額の57.4％，または40.4％＋10.25ユーロ，最低保障日額25.1ユーロ 　※一律漸減手当は2001年に廃止 ・給付日数は，年齢と被保険者期間に応じて7～36カ月 ③保険料 ・使用者4.04％，労働者2.44％ ・徴収基礎の上限　月額10,728ユーロ ④拠出に基づかない扶助的給付 ・特定連帯手当　失業保険の受給資格満了者，日額14.74ユーロ ・待機一時手当　失業保険の受給資格を持たない者，日額10.38ユーロ ⑤職業紹介との関係 ・全国雇用庁（1996年以降は，ASSEDICが事務を担当している）において求職者登録することが受給要件となっている

（注）　数字は2008年1月現在のもの。

賃金制度と失業保険制度

ドイツ	アメリカ	中　国
①根拠法 ・基本的には，最低賃金制度がないので，労働協約がその役割を果たしてきた ・なお，外国人労働者のダンピング防止を目的とする特定産業への最低賃金規制があり，さらに，労働協約の適用率が50％未満の分野に最低賃金を導入するための法改正が検討されている ②労働協約の決め方 ・使用者団体と産業別労働組合 ・産業別・地域別の協約が一般的だが，企業別組合も	①根拠法 ・連邦　1938年公正労働基準法（Fair Labor Standards Act） ・州　独自の最低賃金立法（5州では立法なし） → 両者が重なる場合には，高いほうを遵守する必要 ②最低賃金の決め方，現行額（連邦法の場合） ・法律の中で直接に額を規定 ・全国一律，時間あたり5.85ドル（2007年7月24日発効，08年7月24日より6.55ドル，09年7月24日より7.25ドルに）	①根拠法 ・2003年12月労働社会保障部公布の企業最低賃金規定 ②最低賃金の決め方，現行額 ・省，自治区，直轄市の人民政府で決める方式であるが，労働者団体と経営者団体に対する意見聴取を行うとされている ・最低生活費用，社会平均賃金水準，労働生産性，就業状況，地区間の経済発展レベルの差等を参考にする ・北京市の場合，月額640元
①根拠法 ・社会法典第3編 ②給付内容 ・失業手当Ⅰ　失業前賃金の60〜67％ ・給付期間は，被保険者期間と年齢に応じて6〜18カ月 ③保険料 ・4.2％を労使折半 ・支出が収入・準備金で賄えない時は不足分を国庫負担 ④拠出に基づかない扶助的給付 ・失業手当Ⅱ（社会法典第2編） 　月額345ユーロ ⑤職業紹介との関係 ・失業手当Ⅱ受給者は，公的機関からの職業紹介に対する応諾義務があり，拒否すれば給付額と給付期間が削減される。	①根拠法 ・1935年社会保障法（Social Security Act）と，連邦失業保険税法（Federal Unemployment Tax Act）で，連邦が枠組みを決定 ・その下で各州が独自に制度を作って運営　→　多様性 ②給付内容 ・失業前の週給額の50％程度，最長26週とする州が多い ・不況時には，連邦と州の共同負担による13週の延長制度 ③保険料 ・連邦とほとんどの州で，使用者のみが負担（労働者負担は3州） ・連邦　賃金のうち7000ドル／年の0.8％，運営費の交付等にあてる ・州はそれぞれに決定。平均すると全賃金の0.8％程度。失業者への給付はここから。経験料率（メリット制） ④拠出に基づかない扶助的給付 ・なし ⑤職業紹介との関係 ・職業紹介機関への登録と求職活動が要件（一時的レイオフは例外） ・多くの州で電話やインターネットによる申請，出頭は不要	①根拠法 1999年失業保険条例 ②給付内容 ・生活保護給付の額よりも高く，最低賃金の額より低い額の範囲内で，各地方政府が定める ・給付水準は，被保険者期間によって，最低賃金の70〜90％（北京市） ・受給期間は12〜24カ月（被保険者期間に対応） ③保険料 ・使用者負担は賃金総額の2％，労働者負担は賃金額の1％（地方ごとに異なる） ④拠出に基づかない扶助的給付 ・一時金を支給（出稼ぎ労働者の帰郷費用として） ⑤職業紹介との関係 ・正当な理由なく仕事を拒否した場合は保険給付を停止（運用では3回拒否で資格喪失）

シンポジウム（報告①）

③中内報告は，雇用保険を実際に運用している公共職業安定所に着目し，そこが行う失業認定と職業紹介について，それぞれ検討を行う。第3に，矢野報告では，最低賃金と雇用保険の両方をカバーする形で，雇用社会の「リスク社会化」という切り口から，総括的な議論を行う。

　今回のシンポジウムを契機に，最低賃金および雇用保険についての関心が高まり，わが国の労働者に対するよりよいセーフティネットの整備につながることを期待したい。

（なかくぼ　ひろや）

最低賃金法の再検討
――安全網としての機能――

柳 澤　　武

(名城大学)

I　は じ め に

　最低賃金法制には，当該国家の歴史や労働法制のあり方が色濃く反映されるものであり，ときに「歴史的な産物」あるいは「歴史的形成物」という言葉で表現される[1]。これまでの日本では，最低賃金というテーマはあまり脚光を浴びることはなかったが，近年になって急速に注目を集めつつある。その背景には，ワーキングプアと呼ばれる労働者層の登場，収入格差の拡大及び非典型労働者の増加[2]，計算方法によっては生活保護額よりも低額となる地域別最低賃金，最低賃金法の適用について労働者性が争われた最高裁判例[3]，といった複数の要因が挙げられる。とりわけ，近年の地域別最低賃金の水準の低さ（2006年の加重平均673円）は，複数の国際統計によっても指摘されており，各方面から引上げの要請が出されたところである。例えば，OECDの統計によれば[4]，日本の最

---

[1]　平川亮一「最低賃金法制の原則と課題――わが国最低賃金法の形成と発展」三重法経54号2頁（1982年）。歴史的な分析については，黒川俊雄『最低賃金制論――その歴史と理論』（青木書店，1958年），藤本武『最低賃金制度の研究』（日本評論新社，1961年）なども参照。

[2]　年収200万以下の層が前年比で42万人増え1023万人となる一方で，年収1000万以上の層も前年比9.5万人増の224万人となり，収入格差の拡大が改めて確認された。（朝日新聞2007・9・28）。非典型雇用労働者の増加状況については，さしあたり厚生労働省『平成19年版労働経済の分析』18頁（2007年）。

[3]　研修医の労働者性が争われた関西医科大学研修医事件・最二小判平17・6・3労判893号14頁では，最低賃金額の支払い（研修費との差額）が認容された。また，授産施設や小規模作業所で作業をする障害者について，「訓練生」ではなく「労働者」に該当する可能性があるとして，最低賃金法違反の疑いで労働基準監督署が調査する事態も生じている（朝日新聞2007年5月8日）。

シンポジウム（報告②）

低賃金は，法定最低賃金制度を持つ主要先進国の中でも，アメリカと並んで最低水準であることが確認できる。さらに，影響率についても，近年は平均で1.5～1.6％という低い水準で推移しており[5]，低賃金労働者に対する下支え効果についても疑問視せざるを得ない。こうした複合的な難題を抱えている今こそ，最低賃金法に求められる目的や機能とは何かという基本課題が問い直され，法制度の再構成が求められる転換期を迎えているといえるのではないだろうか。

本稿の構成は，まず最低賃金の「目的及び役割」という要素に着目し，諸外国の最低賃金法の歴史的展開過程を確認する（Ⅱ）。続いて，アメリカにおける最低賃金法に関する近年の動向を手がかりに，最低賃金法に求められる理念について考察する（Ⅲ）。さらに，ILO加盟国のなかでも珍しい決定システムであるといわれている[6]，日本独自の最低賃金法の展開過程を概観の上（Ⅳ），2007年3月に提出され，同年11月に成立した「最低賃金法の一部を改正する法律案」を素材として，日本の最低賃金法が目指すべき方向性の提示を試みる（Ⅴ）。

Ⅱ　変容する最低賃金の機能——歴史的発展過程

1　最低賃金法の歴史的形成

最低賃金の目的や役割としては，さしあたり以下の六つの分類——これは，有名なリチャードソンの『最低賃銀（ママ）論』[7]や，スタールの『世界の最低賃金制度』による分析を手がかりに[8]，筆者がアレンジを加えたものであるが——を行い，次のような概念整理を試みたい。かつての最低賃金の機能として

---

4) 　OECD, Employment Outlook : Boosting Jobs and Incomes 87 (OECD Publishing 2006).
5) 　平成19年度第2回目安に関する小委員会　資料 No. 1〈http://www.mhlw.go.jp/shingi/2007/07/dl/s0725-6a.pdf〉．（最終アクセス2008年1月15日）．
6) 　Francois Eyraud & Catherine Saget, The Fundamentals of Minimum Wage Fixing 26 (ILO 2006).
7) 　古典的文献である，リチャードソン著・鈴木規一訳『最低賃銀論〔再版〕』9頁（中央労働学園，1949年）によれば，①苦汗労働の防止，②労働者間における組織の発展，③産業平和の促進，が最低賃金法の主要目的であると述べている。

は,①産業平和の促進,あるいは②苦汗労働の防止,の二つが重視されていたが,第二次大戦中に各国で行われた賃金統制の時代を経て,現在では③団体交渉の補完,④不公正な競争の防止,⑤経済の成長と安定,そして,本稿のサブタイトルでもある⑥安全網としての機能,に重点が置かれるようになったという仮説である。これらの概念を念頭に置きつつ,世界各国における最低賃金法の歴史的発展過程をみてみることにする。

(1) 最低賃金の起源

最低賃金の起源は,ニュージーランドの1894年調停仲裁法に求められる。同法は,海員労働者によるストライキ抑圧の代替として,最低賃金を定めることで不当に低い賃金に対して法規制を及ぼすこと[9],すなわち仲裁による産業平和の促進(労使紛争の予防)を狙いとするものであり,やや特殊な性格のものであった。さらに1904年には,オーストラリアの連邦レベルで調停仲裁法が制定されている。同法では,産業平和の促進という役割に加え,団体交渉の補完という機能も求められており,早くも機能の多様化の兆しがみられる。

(2) 最低賃金の形成期:苦汗労働の防止

イギリスでは,19世紀末に苦汗労働が注目されるようになり,立法化へ向けた運動が起こった。そして,ニュージーランドやオーストラリアの先例を参考としつつ,対象範囲が限定された法律が制定されたのが1909年産業委員会法である。これは,苦汗労働産業の「最悪の低賃金の除去を目的」[10]とするものであり,争議行為にすら至らないような組織率の低い労働者のみが対象となる。

フランスでも,1915年に最低賃金に関する法律が制定されたが,これは非常に対象範囲が狭く,在宅で繊維産業に従事する女性労働者のみが対象とされていた[11]。すなわち,同法は苦汗労働の防止に重点が置かれていたといえる。この

---

8) GERALD STARR, MINIMUM WAGE FIXING 17 (ILO 1981). 邦語訳として,ジェラルド・スタール著・国際労働機関編・労働省労働基準局賃金時間部賃金課訳『世界の最低賃金制度——慣行・問題点の検討』(産業労働出版協会,1989年)。同書を紹介しつつ,最低賃金の概念整理を試みた研究として,河野正輝「最低賃金」日本労働法学会編『現代労働法講座11 賃金・労働時間』60頁(総合労働研究所,1983年)。

9) 小粥義朗『最低賃金制の新たな展開』1頁(日本労働協会,1987年)など。

10) 小宮文人「イギリスの全国最低賃金に関する一考察」法学研究42巻4号19頁(2007年)。

11) 黒川・前掲書54頁。

家内労働者に対する最低賃金法の適用範囲は段階的に拡張され，他の業種あるいは男性労働者にも適用されるようになった。

そして，国際的な基準としては，1928年にILO第26号「最低賃金決定制度の創設に関する条約」が制定される。同条約の成立はイギリス政府代表による提案を契機とするもので，総会における審議では，適用範囲を家内労働に限定すべきか否か，労使団体による自主的な賃金決定という良き慣行をかえって損なうのではないか，といった議論が展開され，最終的に最低賃金制度を，労働協約でカバーされていない産業あるいは「賃金が例外的に低いものにおいて使用される労働者のため最低賃金率を決定することができる制度」と定義した[12]。

(3) 最低賃金の成熟期：目的の多様化

各国の最低賃金制度は，時代の変化とともに，求められる機能も変化していくことになる。アメリカでは，ニューディール政策の一環として1933年に全国産業復興法が制定され，各産業や職業ごとに公正競争規約を作成させ，大統領が承認または規定する最低賃金を遵守することを，使用者に強制した[13]。これは，不況時における産業復興という経済政策としての性格（⑤）を持つものであったが，1938年に成立した公正労働基準法は全国一律の強行的な基準を確立するものであり，公正競争という理念を受け継ぐと同時に，安全網としての機能（⑥）も兼ね備えるようになる。

ただ，第二次世界大戦を迎えると，日本も含めて，交戦国では国家が強制的に賃金を統制するようになる場合が少なくなく，いわば最低賃金法の機能自体が「停止」された。フランスにおける一連の賃金統制政策や，ドイツの国家賃金統制などが典型例です。ドイツでは，国家による賃金に対する強制的介入への経験が一因となり，「第2次大戦後は国家による最低賃金の規制を置かず，賃金額の決定を労働協約に委ねてきた[14]」との指摘もある。

第二次世界大戦後のイギリスでは，1945年に賃金審議会法が制定される。同

---

12) ILO 26号条約成立の経緯については，藤縄正勝『日本の最低賃金』527頁（日刊労働通信社，1972年）。
13) 中窪裕也『アメリカ労働法』16頁（弘文堂，1995年）。
14) 橋本陽子「ドイツにおける最低賃金法制定の動き——EU拡大による国際的労働力移動の促進と『協約自治』（上）」国際商事法務34巻12号1585頁（2006年）。

法の下では,特定の産業について審議会を設置することができると同時に,労働協約が発展してきた分野については審議会を廃止することになる。こうした側面から,イギリスの最低賃金法が「苦汗労働に関するものという性格」(②)から「団体交渉が未発達な産業における団体交渉補完的な役割」(③)へ変容したといわれている。

戦後のフランスでも賃金統制が撤廃された後,1950年労働協約及び労働争議の解決手続き関連法によって,全職域最低保障賃金(SMIG)が制定された。同法の目的は,低賃金労働者の購買力を保障することにあった。1970年には,全職域成長最低賃金(SMIC)として発展し,新たに「低賃金労働者が,国民経済の発展に参加しうる」という第二目的が追加され,最低賃金に複合的な機能が求められるようになる。

そして,ILOでも,新たに131号条約が制定された。かつての26号条約は,組織化が不十分な産業で苦汗労働に従事する労働者を対象としていたのに対し,131号条約は,原則として全労働者を対象とする最低賃金の設置を求めることを要求する点が両条約の最も対照的な部分といえる[15]。また,第3条では,最低賃金の水準の決定にあたって考慮すべき要素が例示され,制度の設置のみならず,運営に関わる部分にも踏みこんだ内容となった。

(4) 現代の最低賃金法

イギリスで起こった衝撃的な出来事は,1979年からのサッチャー政権が,最低賃金は雇用の機会を奪い,むしろ失業率を悪化させるとの理由で,賃金審議会の権限を次々と縮小し,賃金審議会を廃止したことである。かかる最低賃金の水準と雇用喪失との関係については,主に経済学的見地から様々な検証や論争が行われているところであるが,少なくともOECDの2006年報告書は,最低賃金の値上げで雇用が減少したという立証はなされていないと述べている[16]し,近年のILOによる分析でも同様の結論が示されている[17]。かようにして一時期は最低賃金法が完全に消滅したイギリスであったが,ブレア政権下で再び復活

---

15) 131号条約の制定経緯については,藤縄・前掲書534頁など。
16) OECD, *supra* note 4, at 86.
17) FRANCOIS EYRAUD & CATHERINE SAGET, *supra* note 6, at 83.

することになり、1998年全国最低賃金法が制定された。同法は、イギリスで初めて全国一律の最低賃金を設定する画期的なものであり、安全網としての機能（⑥）という役割を担うとともに、社会保障給付に頼らないよう「就労の促進」を行うという新たな目的が重視されている。[18]

また、中国においても、2003年12月に労働社会保障部公布の最低賃金規定が制定された後、地域別の最低賃金が設定されている。この水準決定は、人民政府の主導によりなされるが、労働者団体と経営者団体への意見聴取が行われるほか、当該地域の生活費用や平均賃金、経済発展のレベルなどが勘案される。

以上のように、各国によって最低賃金法の発展形態は様々であり、単純な整理というのは難しいが、英米法・大陸法系を問わず、最低賃金法の必要性自体は多くの国々が認めているといえる。そして、最低賃金の歴史を巨視的に捉えると、「苦汗労働の防止」や「団体交渉の補完」といった特定の産業別・業種別的な規制から、労働者一般へ適用される最低賃金という機能へシフトしていく姿が浮かび上がる。

2 決定方式（基準）・現行の金額

次に、最低賃金の決定方式については、以下の3分類が可能である。[19]

(1) 法定方式

法定方式を採用する代表的な国として、アメリカが挙げられる。連邦法である公正労働基準法に金額を定めているため、引上げのためには連邦議会による法改正が必要となる。そのため、しばしば「硬直性」というデメリットが顕在化することがある。近年でも、1997年以来、全く引上げがなされていなかったが、2007年の5月にようやく法改正が実現し、①2007年7月に $5.85、②2008年7月には $6.55、③2009年7月には $7.25 と段階的に引き上げられることになった。[20]これは、約2年間で140％という大幅な水準の引き上げとなるが、一

---

18) 小宮文人「イギリスの全国最低賃金とわが国への示唆」季刊労働法217号98頁（2007年）。
19) 各国につき、中窪論文に掲載の【表2】も参照のこと。
20) Fair Minimum Wage Act of 2007. なお、1938年から2009年（予定）までの連邦法の最低賃金額の推移については、U. S. Department of Labor〈http://www.dol.gov/esa/minwage/chart.htm〉（最終アクセス2008年1月15日）を参照。

方で小規模企業への減税措置を，2010年まで行うことを同時に盛り込んだ点も注目される。[21]

(2) 審議会方式

日本と同じく審議会方式を採用する国は，比較的多数を占める。イギリスでは，低賃金委員会の勧告により，最低賃金額が決定される。1999年導入当時の£3.60から，毎年の大幅な引上げが続き，現在の額に至る。また，現行のフランス最低賃金の決定方式については，政府が三者構成の団体交渉全国委員会へ諮問を行い，毎年定期的な改定を行うことになっているほか，物価スライドによっても随時改定されている。その他にも，韓国，タイ，インドネシア，フィリピン，そして2005年の職場関係改正法によって「公正賃金委員会」が設立されたばかりのオーストラリアなどが審議会方式を採用する国々となる。

(3) 労働協約による設定のみ

もっとも，イタリアやスウェーデンなど，いわゆる最低賃金制度を持たない国々も存在する。産業別の団体交渉が発達している国々で，労働協約の拡張適用が十分に機能するのであれば，あえて最低賃金法を制定する必要性は乏しいのかもしれない。現在でもドイツでは基本的には最低賃金制度が存在せず，労働協約がその主要な役割を果たしていることは確かだが，近年では労働協約でカバーできない部分について法規制を導入しようとする動きもみられ，最低賃金が持つ機能の変容という観点からも興味が尽きない。

3 適用対象者（適用除外・減額措置）

最後に，いかなる労働者が適用除外とされ，あるいは減額措置が認められるかについて，アメリカとイギリスの二カ国を取り上げることにする。アメリカでは，適用除外となる職種が多いことと，チップを受け取る労働者については，$30を超えるチップの50％を最低賃金の額として参入できる点が特色となる。これは，チップ・クレジットと呼ばれるもので，後でみるフロリダ憲法の条文にも登場する。また，イギリスについては，適用除外となる職種が極めて限ら

---

21) Small Business and Work Opportunity Act of 2007.

れている反面，若年者の就労促進という観点から，年齢による減額措置が認められていることが特徴となる。

Ⅲ　最低賃金法制の新展開——アメリカ法の動向

　アメリカの連邦レベルにおける最低賃金は，つい昨年まで日本と並んで，先進国では世界最低レベルの水準に留まっており，その意味では比較法の「お手本」として不適切といえるかもしれない。とにかく評判の悪いアメリカの最低賃金法ではあるが，実は連邦レベルの最低賃金法が頼りない分だけ，州あるいは自治体において顕著な発展がみられ，独自の法理論の構築も試みられている。

1　法定基準を基底とする重層構造

　まずアメリカの最低賃金法の構造を確認するが，法定方式によって全国一律の最低賃金を定める連邦法と，それぞれ独自に最低賃金額を決定する州法という重層構造は，今現在に至るまで基本的に変化していない。州法のほうが高い最低賃金額を設定している場合には，当該州法の基準が優先的に適用されることについても，公正労働基準法に明文で定められている。連邦レベルでの最低賃金改定には連邦議会による法改正が必要なため，「硬直性」という弊害が生まれることは既に指摘したとおりだが，前回の引上げで1997年9月より$5.15となるまでにも，その水準の低さが指摘され続けおり，とりわけ今回（2007年）の法改正に至るまでの10年間に至っては歴史上最低の水準となっていた。1990年代のアメリカは，好景気にありながらも積極的なレイオフが行われ，正規従業員から非典型雇用となる労働者が増加する。そこで，低賃金であるがゆえに複数の仕事を掛け持ち，長時間労働を強いられる労働者の存在がクローズアップされるようになった。[22]また，アメリカで低賃金労働者が増加した別の要因として，クリントン政権下で行われた福祉改革が挙げられる。

---

22)　日本労働研究機構編『アメリカの非典型雇用——コンティンジェント労働者をめぐる諸問題』2頁（日本労働研究機構，2001年）。

2　福祉改革と生活賃金運動の拡大

1996年より，いわゆる「福祉から雇用へ（Welfare to Work）」という政策が推し進められた結果[23]，給付の期間に制限を設けただけではなく，就労を行わない場合には段階的に給付を削減するという，厳しいペナルティーを伴う制度を多くの州が採用した[24]。その結果，公的扶助に依存していた貧困層が労働市場に流入することになり，就労のために十分なスキルを身につける機会を持ち得なかった人々が，生計を維持するために最低賃金レベルでの労働を強いられることになる。先にみたように，連邦法よりも高い最低賃金額を定める州も存在するが，それでも貧困から脱出するために十分な水準ではない場合も多く，フルタイムで就労しながらも貧困層に滞留し続けるという，いわゆるワーキングプアの問題が取り上げられるようになった。この言葉を一気に全米に広めることになった，『THE WORKING POOR』の著者であるシプラー氏は，ワーキングプアという用語自体が言語矛盾であり，懸命に働く人間が貧困であってはならないと指摘しつつ，こうした人々が取り組むべきアイデアの一つとして生活賃金条例に言及している[25]。

この生活賃金条例については，全米で最初に制定されたボルチモア市の条例も含め，大半のものは，いわゆる公契約に関わる最低賃金を規制するものであり，「公契約規制型」の条例と位置づけることができる。注目すべきは，こうした公契約に関わる労働者を対象とするのみならず，地域全体の最低賃金を底上げしようとする条例が出現してきたことである。これらの新しいタイプの条例を，「一般生活賃金型」と呼ぶことにする。その嚆矢となったのが，2001年のカリフォルニア州サンタモニカ市の条例で，一定の条件付ではあったが，公契約とは全く無関係な民間企業に，独自の最低賃金を設定するものとなった。さらに，同州のサンフランシスコ市で2004年2月に発効した「一般生活賃金型」の条例は，サンタモニカ市のような限定をつけずに適用対象を労働者一般

---

[23] Personal Responsibility and Work Opportunity Reconciliation Act of 1996による。この改革の影響について，根岸毅宏『アメリカの福祉改革』143頁（日本経済評論社，2006年）。
[24] 詳しくは，黒田有志弥「アメリカ合衆国における個人の責任と福祉の理念——1996年個人責任及び就労機会再調整法の分析・評価を中心として」本郷法政紀要10号193頁(2001年)。
[25] DAVID K. SHIPLER, THE WORKING POOR : INVISIBLE IN AMERICA (Vintage Books 2005).

シンポジウム（報告②）

に拡大するもので，これまでの生活賃金条例とは明らかに一線を画するものとなった。しかも，比較的高水準であった当時のカリフォルニア州最低賃金 $6.75 を大幅に上回る $8.50 という額を設定するものであるため，一種の激変緩和措置として，小規模事業（10人未満の被用者）やNPO団体については2005年1月まで $7.75 という水準にとどめるという猶予期間を設定した。小規模企業への配慮を行いながらも，生活費に基づいて最低賃金を設定するという「一般生活賃金型」条例は，地域の実情に応じた雇用におけるセーフティネットを構築していこうとする法政策といえるのではないだろうか。

3 最低賃金をめぐる法理論の構築

(1) 権利としての生活賃金——The right to a job at a living wage

ここまで，アメリカにおける最低賃金をめぐる実態を中心にみてきたが，続いて学術的な分析についても紹介しておく必要があるだろう。「生活賃金で働く権利」という概念を提唱し，その実現方法の一つとして憲法上の権利として基盤形成すべきであるという論説は，この分野における，数少ない法律学者の手によるものである[26]。同説は，フルタイムで働く人間が貧困であってはならないのであり，①非自発的失業者に対して就労の機会を与え，②被用者に適正で生活できる賃金を得る権利を与えるため，憲法修正を行うべきであると主張する。

これを体系化し，法理論としての構築を試みたのが，2003年に出版された『貧困の終焉：生活賃金で働く権利の保障』である[27]。同書では，一般の人々が想像している以上に貧困が広がっており，それはスラム街の公的扶助受給者の存在という問題ではなく，フルタイムで働きながらも自立した生活を行うこと

---

[26] William P. Quigley, *The Right to Work and Earn a Living Wage: A Proposed Constitutional Amendment*, 2 N.Y. CITY L. REV. 139 (1998).

[27] WILLIAM P. QUIGLEY, ENDING POVERTY AS WE KNOW IT: GUARANTEEING A RIGHT TO A JOB AT LIVING WAGE (2003). 著者クウィグリーは，ルイジアナ州ニューオリンズにあるロヨラ大学ロースクール教授（貧困法等を担当）で，人権擁護活動に従事し続けた弁護士でもある。同書の一部を紹介する日本での研究として，宮坂純一「生活賃金運動の問題提起」労働調査435号51頁（2005年）。

ができない働く貧困層の増加であり，これを解決するための手法として「生活賃金で働く権利」の重要性が改めて強調されている。さらに，アメリカで起こっている労働と貧困の問題について，いかに間違った俗説が流布しているか──例えば，貧困者の多くは働いていないという俗説に対して，多くの人々は働きながらも貧困であり，最低賃金で働く労働者の45%がフルタイム労働であるという事実──を指摘する。また，失業や不完全雇用によって発生するコストは，失業者に対する公的扶助といった直接的なコストに留まらず，犯罪防止コストなども同時に増加するため，完全失業あるいは不完全雇用が与える悪影響は広範囲に及ぶことを示し，貧困から脱出できないワーキングプアが増え続ける一方で，労働者の平均賃金と役員報酬との格差が拡大していることから，経済学理論の一つ「上げ潮はすべての船を持ち上げる（a rising tide lifts all boats）」の効果について疑問を呈している[28]。最後に，憲法は神聖不可侵なものではないとして，「就労自体を求める権利」と「生活賃金で働く権利」の双方を，憲法上の権利として構成すべきであると再び主張する。

その論拠としては，①生活賃金運動が示すように，地域住民のコンセンサスが高まっていること，②確かに公正労働基準法の条文自体には生活賃金という理念が明示されていないが，制定時の背景あるいは以後の法政策では，生活賃金という理念に近接した法目的を実現するものがみられること，③一部の地域で現実に生活賃金条例が制定され，支持を受けていることなどを挙げ，2002年時点における生活賃金は，1時間あたり$10.50になるという具体的な水準の提案まで行う。このクウィグリー教授の学説は，生存権や労働権が規定されていないアメリカ憲法の下で，生活賃金という概念を権利論的なアプローチによって構築していこうとする意欲的な試みであり，最低賃金法の理念を考察する上で，一読に値するものと思われる。

---

[28] ロバート・フランク著・飯岡美紀訳『ザ・ニューリッチ──アメリカ新富裕層の知られざる実態』150頁（ダイヤモンド社，2007年）は，近年のアメリカ富裕層の実態を描き，類似の理論である「トリクルダウン（trickle-down）」効果によっても「アメリカ経済格差の拡大を緩和するにはいたっていない」との結論を示す。同書においては「馬に麦を十分与えれば，スズメもおこぼれに預かる」とも比喩されている。

(2) フロリダ州憲法における生活賃金概念――Decent and healthy life

　生活賃金という理念を，現実の憲法上の規定として明文化したのがフロリダ州である。2004年当時，フロリダ州には独自の最低賃金法が存在しなかったため，連邦レベルの $5.15 が最低賃金となっていた。そこで，生活賃金運動を推進してきた団体が州議会へのロビー活動を行い，州憲法へ最低賃金の理念及び金額を明示するという従来にない手法が試みられた。この憲法修正案に対しては，一部から反対意見の表明もみられたが，[29] 2004年11月の投票では州民から規定の投票数を獲得し，最終的には可決された。この改正憲法は，10章24条の冒頭において，「全ての働くフロリダ州民には，当該労働者やその家族が適正かつ健康的な生活をおくるのに十分な最低賃金の支払いを受ける権利がある[30]」ことを明文で規定した。また，物価上昇に伴う金額のスライド条項が設けられ，生活費を考慮した水準が維持されるような配慮がなされている（同条(c)項）。さらに，使用者以外の関係者も報復禁止の対象者とするなど，公正労働基準法を上回る保護規定も含まれている（同条(d)及び(e)項）。

4 生活賃金とセーフティネット

　ここまでは生活賃金の成功例を中心に取り上げてきたが，留意すべきは，一部の州の法律や憲法は，自治体による最低賃金の上乗せを禁止しており，一般生活賃金型の条例を巡って訴訟が提起されていることである。[31]その一つであるルイジアナ州ニューオリンズ市の条例について，ルイジアナ州最高裁判所は，条例による最低賃金の上乗せは州法に違反すると結論付けた。[32]このように，各

---

29) 地元紙の社説は，憲法修正に対して反対票を投じるよう推奨していた。EDITORIAL, *Florida Constitution Doesn't Need Minimum-Wage Amendment*, THE TAMPA TRIBUNE, October 12, 2004.
30) FLA. CONST. art. X, § 24.
31) その代わり，州法が連邦レベルを上回る最低賃金を定めている場合もある。例えば，アリゾナ州 $6.75，コロラド州 $6.85，ミズーリ州 $6.50，オレゴン州 $7.80などである。
32) New Orleans Campaign for a Living Wage v. City of New Orleans, 825 So. 2d 1098 (2002). この州最高裁判決に対しては，次の論文と判例評釈がある。Darin M. Dalmat, *Bringing Economic Justice Closer to Home : The Legal Viability of Local Minimum Wage Laws Under Home Rule*, 39 COLUM. J. L. & SOC. PROBS. 93 (2005); Laura ↗

州によって，生活賃金に対する大きな温度差が存在することについても付言しておく。

以上のように，アメリカにおいても，発展途上かつ未成熟である「生活賃金」という概念であり，これを無批判的に日本法への示唆として用いることはできない。しかるに，生活可能な最低賃金という理念が一部の州や地域単位で広がり，セーフティネットとして妥当な水準の最低賃金額の設定が実現しつつあることは確かである。それは単に州法で連邦法を上回る水準の最低賃金を定めるという意味でだけでなく，最高規範である州憲法に最低賃金の権利を位置づける，あるいは市や郡といった小単位で労働者自らが運動を行って「生活賃金」の理念を具体化するところに，アメリカ最低賃金法制の新展開をみることができる。[33] 全ての労働者に，ディーセントで健康な生活を維持できることが可能な「雇用」を保障し，できるだけ「公的扶助」へ落ちないようにするための最低賃金法こそ，労働法におけるセーフティネットとして相応しい。こうした法理念は，日本の最低賃金法の再構築を考察する上での手がかりを与えてくれるように思われるが，その前提作業として，日本における最低賃金法の発展についても確認しておこう。

Ⅳ 日本における最低賃金法の発展

1 最低賃金法の成立と改正

日本で初めて最低賃金に関する規定が法定化されたのは，1947年に制定された労働基準法の旧28条から31条だったが，同条に基づいて，実際に最低賃金が定められることはなかった。[34]

Gavioli, *Recent Development : New Orleans Campaign for a Living Wage v. City of New Orleans : State Police Power Swallows Up Constitutional Home Rule in Louisiana*, 77 TUL. L. REV. 1129 (2003).

33) その他の州レベルでの動向として，最低賃金法が存在しなかったアリゾナ州で，2007年1月より「Arizona Minimum Wage Act」の施行により，時間当たり $6.75 という水準が設定され，生計費に応じて毎年1月に引上げがなされることとなった。また，生活賃金運動発祥の地であるボルチモア市のあるメリーランド州では，2007年4月に生活賃金法が成立した。

シンポジウム（報告②）

(1) 第1期：1959年（昭和34年）最低賃金法の成立

その後，1957年（昭和32年）に中央賃金審議会による答申をベースに，最低賃金法案が作成された。同法案は「業者間協定による最低賃金方式」の導入による，最低賃金法制化を推奨するものであったが，これに先立つ1956年に静岡の缶詰協会では業者間協定で缶詰調理工の標準賃金を協定し，これを皮切りに業者間協定による最低賃金が広まり，1957年（昭和32年）12月末で80件，法律が成立した1959年4月時点では127件の業者間協定が締結された。このとき，労働基準法上にもドッキング条項として，28条に最低賃金の規定が残された。

(2) 第2期：1968年（昭和43年）最低賃金法改正

ところが，①業者間協定による適用者の拡大に限界がみられ，②国際基準であるILO条約との関係や，③低賃金によるソーシャル・ダンピングという国際的な批判などを受け，業者間協定方式を廃止し，審議会方式による決定方式を中心とする，1968年の最低賃金法改正が行われた。ここで，現行の最低賃金法の基礎が形成されたわけです。この1968年法の下で，地域別最低賃金を制定することが可能となり，法制定から8年後の1976年に，あまねく全国に地域別最低賃金が制定された。

(3) 第3期：1978年目安方式の導入[35]

全国に地域別最低賃金が普及していく時期と並行して，①全国一律最低賃金の要求が労働団体や野党から出されるとともに，②地域別最低賃金の改定審議に際して，各県が審議状況を横にらみするために決定が遅れてしまうという弊害や，③この「横にらみ」との関係で，早期に決定した県が低い水準に留まり，全国的な整合性という観点から問題が生じるといった事情を背景に，1978年には目安方式が導入された。この目安制度によって，間接的にではあるものの全

---

34) 但し沖縄では，1963年から本土復帰の1972年に至るまで，労働基準法に基づく「全地域・全産業一律方式」による時給9セントの最低賃金制が実現した。砂川恵勝「沖縄の最低賃金」労働省労働基準局賃金時間部『最低賃金法三〇年の歩み』37頁（日本労働協会，1989年）。

35) その後の，新産業別最低賃金への転換と，1990年5月の「目安制度のあり方についての検討」の終了をもって，さらに一つの時期区分とする見解もある。日本労働組合総連合会最低賃金制対策委員会編『最低賃金制の新展開——最低賃金に取り組む労働組合の過去・現在・未来』142頁（経営書院，1992年）。

国一律最低賃金制度を実現したとみることもできるし，あるいは全国一律制を断念した代わりの，いわば妥協の産物という見方も可能である。

2　2007年最低賃金法改正に至るまで

日本における最低賃金法の発展について，最低賃金法の成立を第1期，1968年の改正を第2期，そして1978年の目安方式の導入を第3期，と区分するならば，2007年に実現した最低賃金法の改正は，4番目の節目にあると位置づけることができる[36]。

今回の最低賃金法改正については，2004年より「最低賃金制度のあり方に関する研究会」において，各種の統計資料あるいは比較法や経済学の知見をも踏まえた討論が積み重ねられ，その報告書が2005年3月に出された。同報告書は，「最低賃金制度の第一義的な役割は，すべての労働者を不当に低い賃金から保護する安全網（セーフティネット）としての『一般的最低賃金』としての役割であり，この役割は最低賃金制度を取り巻く環境変化の中で，その重要性は一層増していると考えられる[37]」と指摘している。その後，労働政策審議会労働条件分科会の最低賃金部会に議論の場を移し，2005年6月から2007年1月にかけて20回もの審議が行われ[38]，これが2007年改正案へと結実した。

内閣提出法案であるところの2007年改正案[39]の主要な内容は，①地域別最低賃金を必要的設定とし，その決定にあたっては生活保護との整合性を考慮すること，②罰金額を，現行規定の1万円以下（実際には罰金等臨時措置法によって2万円以下となる）から，50万円以下へと引上げる，③産業別最低賃金については，最低賃金法上の罰則を排除する，④労働協約の拡張適用による最低賃金を廃止する，⑤派遣労働者に対しては，派遣先の基準を適用すること等である[40]。

その後，民主党の要求で参議院にて，9条3項の「労働者の生計費を考慮す

---

36) 2007年の最低賃金法改正案を検討したものとして，道幸哲也「最低賃金額決定手続と最低賃金法の改正」季刊労働法218号119頁（2007年）など。
37) 「最低賃金制度のあり方に関する研究会報告書」10頁（2005年）。
38) 審議の途中，「職種別設定賃金」という試案も出されたが，幾度もの修正にも関わらず部会内での合意が得られず，現在の改正案に至った。
39) 閣第82号。

るに当たつては」と「生活保護に係る施策との整合性に配慮するものとする。」という文言の間に「，労働者が健康で文化的な最低限度の生活を営むことができるよう」との一文を挿入する修正がなされた上で，2007年11月28日に本会議で可決，成立した（以後，これを「新最賃法」と呼ぶ）。

V　再構成の方向性

　新最賃法が目指した方向性については，地域別最低賃金と産業別最低賃金の役割分担を明確にし，罰則の強化によって履行強制を充実させるなど，大枠では妥当であったと考えている。同法の9条1項では，地域別最低賃金が「あまねく全国各地域について決定されなければならない」と規定されており，最低賃金の設定が「国家」の責務であることが明文化された。業者間協定という自主的な決定方式からスタートした歴史的な経緯を振り返ると，同条の実現は日本の最低賃金法における一里塚となろう。その上で，労働法におけるセーフティネットとしての機能を果たしうるかという観点から，新最賃法について，以下の諸問題を指摘したい。

1　生活保護との整合性

　まず，新最賃法のなかで最も注目度が高いのが，9条3項で「生活保護との整合性」について新たに規定した点である。確かに，最低賃金額が生活保護費を大幅に下回る場合には，潜在的な稼働能力を持つ生活保護受給者の就労意欲を阻害するという虞は否定できない。しかしながら，当該個人の労働の対価である賃金と，世帯単位で行われる公的扶助制度である生活保護とは，根本的な理念が異なることも事実である。現行の生活保護制度を前提とする限り，この「整合性」を過度に強調しすぎると，逆に生活保護の水準を引き下げるという

---

40)　なお，民主党も独自の改正案（衆第34号）を提出しており，①新たに「全国最低賃金」を設定する，②全国最低賃金を超える額の「地域最低賃金」を設定する，③最低賃金の水準決定に際して，「労働者とその家族を支える生計費」を基本とし，これまでの「通常の事業の賃金支払い能力」を原則として排除する，④減額措置の類型に「18歳未満」と「70歳以上」を加える，という部分が政府側の法案と異なる。

圧力に繋がることになりかねないし、現に生活保護の給付は徐々に切り下げられている。[41]

それよりも、フルタイムの就労者にワーキングプアという状態が発生することのないよう、適正かつ健康的な生活の維持が可能となる金額を最低賃金法が保障した結果、自ずと生活保護費を超える水準となるとの理解に立つべきではなかろうか。とりわけ、修正案で同条項に「労働者が健康で文化的な最低限度の生活を営むことができるよう」との文言が挿入されたことからも、こうした要請は強まったと解釈できる。これらが導かれる規範的な論拠については、最低賃金法が対象とする「労働者像」とも関わる問題であり、最後4で再び言及する。

2 地理的な適用範囲

今国会で、野党が提出した法案には全国一律最低賃金という内容が含まれていたし、「ナショナル・ミニマムとしての全国一律最賃制の確立が必要」[42]という見解は、様々なところで根強く主張されてきた。この点、「全国一律最低賃金は、産業別や地域別での最低賃金決定方式が十分に普及していることを前提とし、これらを下支えする制度として位置づけられるべきものと考えられる。そのような前提のない全国一律の制度は、現行の地域包括最低賃金と比較して、最低水準を不当に低くとどめる効果しかもたらさない」[43]との坂本会員（神奈川大学）の学説がある。筆者は、この坂本説と必ずしも対立するわけではないと理解しているが、地域別最低賃金については完全に定着していることもあり、将来的には全国一律最低賃金の制定も視野にいれ、地域別最低賃金は全国一律の上乗せ部分について定めるという段階に移行して良いと考えている。

さらに細かく都市単位で最低賃金を決めるべきだとする見解も存在するが、[44]

---

41) 道幸・前掲論文127頁も同旨。
42) 小越洋之助「貧困ライン・最低賃金制・リビングウエッジ——アメリカ・イギリスの動向と日本の読み方」賃金と社会保障1311号23頁（2001年）。
43) 坂本宏志「最低賃金制・賃金債権の確保」『講座　21世紀の労働法　第5巻　賃金と労働時間』50頁注9（有斐閣、2000年）。なお、学会誌における研究論文としては、角田豊「最低賃金法制の理論的諸問題」日本労働法学会誌45号64頁（1975年）がある。

地理的な適用範囲をあまりに分断しすぎると，最低賃金額の周知などに困難をきたすのみならず，次に述べる「履行強制の確保」という側面からも問題が生じることが懸念される。

3　罰則・履行強制

最低賃金を安全網として機能させるためには，履行強制に現実的な実効性を伴うことが不可欠となる。昨年度は，労働基準監督署が例年1～3月にかけて行う指導に加え，6月にも「最低賃金に問題があると考えられる地域，業種，事業場を選定[45]」した全国一斉の監督指導を行った結果，指導数全体の6.8％にあたる1373事業場で最低賃金法違反がみつかっている。なかでも，トラック業界やタクシー業界などの違反率が16.9％と最も高く，最低賃金の遵守状況に業種間格差があることが改めて浮き彫りとなった。

かかる現状に鑑みると，新最賃法の罰金額の引上げという改正のみでは，履行強制についての対応が不十分ではないかと思われる。諸外国の制度を参照すると，アメリカでは，罰金のみならず懲役刑も課しているし，フロリダ州法憲法には使用者以外の関係者を含む報復禁止規定が存在する。また，1998年法が制定されたイギリスでも，履行通告や科料通告，あるいは係官による労働者のための訴訟など，複線的な履行確保の手段が規定されており，これが2004年の法改正で一層強化された[46]。もっとも，これらの国々で履行強制が現実に機能しているかどうかについては，より慎重な検証が必要であるが，少なくとも法制度設計においては参考となる。

4　労働者像及び生活賃金の理念

最後に，シンポジウム全体の問題意識と密接に関わる論点として，最低賃金

---

44)　高梨昌・連合総合生活開発研究所編著『ゼミナール日本の雇用戦略――人口減少下の労働問題』104頁（エイデル研究所，2006年）は，「地域別最賃は都道府県レベルで考えるのは無理があり，しかもパート市場は通勤時間30分以内の狭い地域ですから，都市単位で」と述べる。
45)　平成19年5月11日基発第0511001号。
46)　小宮・前掲注20)論文104頁。

法が対象とする労働者像についても，時代の変化を踏まえた再検討が求められる。最低賃金の発足当初は，いわゆる正社員であるところの新卒労働者が念頭に置かれていた。しかしながら，各年齢層に不安定雇用が広がった現在の状況下で，最低賃金法が適用対象とすべきは，失業リスクの高い非典型雇用でありながら独立生計を営む，あるいは家計の主たる担い手である労働者に他ならない[47]。最低賃金法が対象とする労働者に失業リスクが増加しているという観点からも，同法の安全網としての機能は，重要性を増しつつある。

　さればこそ，本稿で重点的に取り上げた「権利としての生活賃金」という考え方は，従来の労働権や生存権といった抽象的な規範とは異なり——もちろん，これらの権利（とりわけ労働権）は，矢野論文も指摘するように非常に重要であり，それ自体を否定するものではないが——より具体的な「賃金水準」をも包摂する権利概念として位置づけられることから，現在進行中の労働者像の変化に対応する思想的な基盤となり得るのではないかと考えている。また，そもそも雇用へのアクセスに値するような賃金水準の最低保障なくしては，雇用保障の法制度が画餅に帰すことになりかねない。新最賃法の成立前に引き上げられた地域別最低賃金は，上位ランクの県についてのみ大幅な引上げとなり，地域間の水準格差がさらに広がった。かかる対応が労働法におけるセーフティネットとしての法体系に照らして適切であったかどうか，新最賃法の下においては一層，肺肝を摧く必要があると思われる[48]。

　　　　　　　　　　　　　　　　　　　　　　　　　　（やなぎさわ　たけし）

---

[47] これら対象となる労働者像の変化との関係で，税法や社会保険制度が最低賃金水準決定に与えた影響について，脇田会員（龍谷大学）及び菊池会員（西南学院大学）から，貴重なご指摘と対照的なコメントをいただいたが，時間の制約もあり十分に反映することができなかった。日本の最低賃金法の歴史に関わる大きなテーマであり，今後の長期的な課題としたい。

[48] Cランクの山梨県で10円の引き上げが行われるに先立って，商工会議所が調査を行ったが，32％の企業から「給与体系に影響がある」との回答があり，中小企業経営者から「経営圧迫要因になる」との声が出た（日経新聞2007年10月4日）。本稿が主張する労働者の「権利としての生活賃金」の実現と，中小企業を取り巻く厳しい経営環境との乖離を，いかに調整すべきかは難題の一つだが，アメリカで最低賃金の大幅な引き上げの際に行われた，小規模企業への激変緩和措置や税制優遇といった手法が参考になる。

失業時の生活保障としての雇用保険

丸 谷 浩 介
(佐賀大学)

I　はじめに

　雇用保険法は，失業した労働者の生活の安定と再就職の支援を目的としている（雇用保険法1条）。労働者の生活の安定という側面からは，失業による所得の喪失を保険事故とした求職者給付，とりわけ，一般被保険者に対する基本手当がこの機能の中核となることは疑う余地がない。のみならず，法には単に失業時の生活保障としてだけではなく，職業能力を保全しつつ，安心して求職活動を行い，労働力を安売りすることが避けられるといったセーフティネットとしての機能を果たしうるか，という点が論点となるであろう。他面で，基本手当が再就職促進機能をも担っていることからすると，失業時の生活保障と再就職支援との間には常に緊張関係が存在することになる。このうち，本稿は失業時の生活保障に焦点を当て，雇用保険法が再就職促進機能を維持しつつセーフティネット機能を維持できるのか，ということを検討するものである。
　そもそも雇用保険財政は，好況期には保険料収入が増大する一方で給付が減少する。他方，不況期には被保険者数と賃金総額が減少することによって保険料収入が減少し，保険給付が増大する。このように雇用保険は財政的に不安定であるという制度的な特徴を持っている。昨今の雇用失業情勢が量的に改善されてきていることに鑑み，このような特性を有する雇用保険法もこれを反映した改正を行ってきている。2007年度改正においては保険料の弾力条項発動要件の緩和とそれによる保険料率の引き下げ（弾力料率を±0.2%から±0.4%にし，失業等給付にかかる保険料率を1.6%から1.2%へ引き下げ），国庫負担の暫定的引き下げ（25%から13.73%へ）といった改正を行った。他方で，雇用就業形態の多様

化，非正規雇用及び若年失業者の増加，長期失業者の増加など，雇用情勢の質的な変化が進行するばかりである。そこで，雇用保険法は果たしてこのような雇用形態の変化に対応し得るのであろうかという問題があろう。

本稿は，多様化する雇用形態と変容する失業情勢を踏まえ，雇用保険が失業時のセーフティネットとして機能するための条件を，主として一般被保険者の求職者給付基本手当を中心に考察する。

II　セーフティネットとしての求職者給付

1　セーフティネットの意義と求職者給付

失業時の生活保障に関するセーフティネットには，①基本手当の給付水準が生活の安定に資する程度に設定されていること，②求職活動ないし職業訓練を行っているにもかかわらず職に就くことができない状態にある期間は，生活保障給付が行われること，③これらに加え，職業能力の維持向上を失業者の権利としてとらえた場合，自らが望む職業に就くことを可能にするようなエンプロイアビリティ[1]保障の観点から，労働力の安売りを避け，外部労働市場における交渉力を維持強化することができるような給付水準と所定給付日数が設定されていること，④職歴や前職の労働契約上の地位にかかわらず，これらが保障されていることが肝要であろう。

基本手当に関する権利の構造は，失業者の生活保障という生存権と，労働市場との接触を維持するという勤労権との二面的権利構造によって把握することができる[2]。ただ，生存権と勤労権が無制限ではあり得ず，勤労の義務が制約原理となり得るであろう。基本手当は，失業者の経済的困難を緩和させ，生活の安定を図ることが主たる目的である。しかし，保険事故としての失業には労働の意思（雇保法4条3項）という主観的要素が入り込む以上，失業者に給付を与

---

1)　諏訪康雄「エンプロイアビリティは何を意味するのか？」季刊労働法199号（2002年）81頁。なお，雇用保険のエンプロイアビリティ保険性については本誌掲載の山下論文を参照。
2)　清正寛「雇用政策と所得保障」日本社会保障法学会編『講座社会保障法第2巻　所得保障法』（法律文化社，2001年）221頁，有田謙司「失業と雇用保障の法」有田ほか『失業と雇用をめぐる法と経済』（成文堂，2003年）143頁。

えること自体が再就職を阻み，むしろそれを遅らせる面も持つかもしれない。同時に，使用者にとっては基本手当の存在によって安易に解雇を選択する誘因となるかもしれない。すなわち，失業という保険事故は，他の社会保険給付とは異なり，本質的に人為的な要素（被保険者の意思に基づいた保険事故の発生）によって発生することから，労使双方の失業に関するモラルハザードが不可避的に内包されていることになる。したがって，これを最小限度におさえ，利己的な離職と安易な解雇を抑制するような給付体系にすることが重要になるであろう。そうすると，基本手当は失業者にとって勤労の権利と勤労の義務，そして生存権とのバランスの中で論じる必要がある[3]ということになろう。

それでは，失業時の生活保障を一手に担っている基本手当が，このような機能を現に有しているか次に確認することにしよう。

2 雇用保険のセーフティネット機能

失業者に占める受給者比率の推移を見ると，離職し求職活動を行っている完全失業者のうち，基本手当を受給している者は低下の一途である。2004（平成16）年度では21.8％であり，基本手当による失業時の生活保障機能が著しく弱体化している。この原因は，次の5点にある[4]。

①雇用保険の被保険者資格を有さない労働者の増加，②事実としての離職と求職活動が雇用保険法所定の失業状態に該当しない場合があること[5]，③受給資格要件を満たさない失業者の増加，④待機期間中，あるいは給付制限を受けていること[6]，⑤基本手当の受給期間ないし所定給付日数を経過してもなお再就職

---

3) 日本労働法学会誌103号（2004年）97頁（馬渡発言）。
4) 橘木教授は雇用保険未加入者が多いこと，加入していても給付がないこと，給付期間が過ぎていることを理由として挙げる。橘木俊詔『失業克服の経済学』（岩波書店，2002年）2頁。
5) 失業概念については本誌掲載の中内論文を参照。
6) もっとも，低い受給者比率の最大の原因は給付制限である。正当理由なき自己都合退職は1箇月以上3箇月未満の間，基本手当を受給することができない（雇保法33条1項）。これを根拠として受給資格決定者の過半数が自己都合退職を理由とした給付制限を受けている。これは，基本手当を受給することができるのは，本来失業が非任意的であるが故に保護の必要性が高いと社会的に是認されることが本来の姿であるからと説明される（(財)労務行政研究所編『新版雇用保険法（コンメンタール）』（労務行政，2004年）545頁）。し

することができない長期失業者が増大していることである。

本稿では，受給者比率の低下が雇用形態の多様化と失業情勢の変容に由来するものであると考えている。そこで以上5点のうち特に①被保険者資格と②所定給付日数を中心に検討することとする。

Ⅲ 被保険者資格

1 一般被保険者資格

雇用保険の一般被保険者は，適用事業に雇用される労働者のうち，法6条に掲げられた者以外をいう（雇保法4条1項）。通説的見解によれば，「労働者」とは労基法9条にいう労働者であると解されており[7]，従属労働に従事している者を意味する[8]。

法6条所定の適用除外者は65歳に達した日以後に雇用される者，短時間労働者，季節的雇用に雇用される者，公務員である。これらの者を適用除外にしているのは①65歳以上の者がフルタイム雇用のための求職活動を行う例がきわめて少ないこと，②短時間労働者は再就職が容易であるために濫給を助長し，保険原理上大きな問題を惹起すること，③季節的事業に雇用される者は受給資格を取得することが不可能であること，④公務員については「身分保障」がなされている上，退職時には雇用保険給付を上回る給付が法定化されていること，がその理由とされている[9]。

　かし，そもそも労働者が雇用保険料を負担していること，自己都合退職者に対して給付することは転職に必要な猶予期間内の生活を保障して，人びとのリスクへの挑戦を動機づけるといったポジティブな効果を有することから自己都合退職を一律に給付制限することには再考の余地がある。なお，丸谷浩介「雇用保険の財政責任」週刊社会保障2446号（2007年）50頁。

7）　菅野和夫『労働法（第7版）』（弘文堂，2005年）49頁。

8）　横浜南労基署長事件（最一小判平成8・11・28判時1589号136頁）。他方，雇用保険法以外の被用者保険においては「適用事業に使用される者」という「使用」概念を用いており，被保険者資格の発生要件が労働契約締結であるとは考えられていない。むしろ代表取締役の厚生年金・健康保険の被保険者資格が認められている（岡山製パン事件（広島高岡山支部判昭和38・9・23判時362号70頁））。

9）　労務行政研究所（2004年）344-346頁。

シンポジウム（報告③）

　このような適用除外の結果，雇用保険の適用対象は著しく限定的になっている。就業者のうち雇用保険の被保険者資格を有するのは6割に満たない状況であり，4割以上が雇用保険に加入していない[10]。そうすると，被保険者資格を制限すること自体の正当性を，改めて問い直さなければならないことになろう[11]。

　このような適用除外者は，他法他施策によって失業時の生活保障をカバーされている者か，所得保障の必要性が少ない者，保険技術的理由によって保険給付を受けることが困難な者ということになろう。確かに，労働関係からわずかな収入しか得ていない労働者から強制徴収による保険料を徴収することは，保険給付を受けることができない以上負担のみを強いる結果となりかえって不合理である[12]。そこで，雇用保険では雇用関係における人的従属関係だけではなく，経済的従属関係[13]にも着目することで被保険者を画することになる[14]。ところが，このような人的従属性と経済的従属性に着目した被保険者概念を維持する限り，就業形態が多様化する昨今では，請負労働者が排除されるのみならず，失業リスクが高いにもかかわらず雇用保険に加入できない非典型労働者の増大が予想される。現在，非典型労働者には，短期雇用特例被保険者（季節的に雇用される者，あるいは短期の雇用（同一の事業主に引き続き被保険者として雇用される期間が1年未満である雇用）に就くことを常態とする者。雇保法38条1項）と日雇労働被保険者（日々雇用される者，あるいは30日以内の期間を定めて雇用される者。雇保法42条）のカテゴリーを設け，それに応じた保険給付内容を設定している。しかし，これで非典型雇用全体をカバーするのではない。そこで，一般被保険者のうち，

---

10) 2005年の就業者数が6,356万人に対し，雇用保険の被保険者数は3,523万人で被保険者比率は55.4％である。なお，就業者には役員を含むが，これを差し引いても被保険者比率は60％に満たない（総務省統計局「労働力調査」，国立社会保障・人口問題研究所「社会保障統計年報」）。

11) なお，橘木教授は社会保険が強制加入を採用している以上，逆選択を排除しなければならず，その意味で公務員を適用除外する正当性がないとする。橘木（2002年）66頁。

12) 倉田聡「非正規就業の増加と社会保障法の課題」季刊社会保障研究40巻2号（2004年）133頁。

13) 単に賃金額のみで被保険者資格を決するということではなく，消費生活が雇用に従属していること，すなわち，雇用以外の収入に依存する労働者を排除する趣旨である。

14) 竹中康之「社会保険における被用者概念——健康保険および厚生年金保険法を中心に」修道法学19巻2号（1997年）433頁。

短時間労働者と有期労働契約の被保険者類型を検討しなければならないであろう。

2　短時間労働者

　一般被保険者に係る年収要件を撤廃した2001（平成13）年以降，パートタイム労働者の増大とも相まって短時間労働被保険者の増大が顕著である。他の社会保険制度に比べると，雇用保険法は従来からパートタイム労働者の適用拡大を図ってきている。1989（昭和64）年には短時間労働被保険者を導入するとともに，パートタイム労働者の求人倍率が高いことから求職者側のモラルハザードを回避するために一般被保険者より短い所定給付日数を設定してきた。後に，パートタイム労働者とフルタイム労働者の均等待遇と就業形態の選択に関する制度的中立性の要請から，一般被保険者と給付内容を一本化し短時間労働被保険者カテゴリーを廃止した。これにより，週所定労働時間が30時間以上である者と，20時間以上30時間未満で同一の適用事業に一年以上雇用されることが見込まれる者を一般被保険者とすることになった。

　雇用保険の被保険者資格を，賃金によって生計を維持する者ととらえ，労働生活の面で雇用保険法上の労働者と判断することには一定の合理性が認められよう。しかしながら，被保険者資格が所定労働時間のみによって決せられるということで良いのか，別途検討を要する。失業し，求職活動を行っている間の所得保障が真に必要なのは，雇用労働から生じた賃金収入に生計を依存していたからであろう。そうだとすれば，生計維持関係の有無によって決するのが非適切である。生計維持の判断は，労働生活に着目した労働時間のみならず，消費生活に着目した賃金水準を加味して決することが，労働者の人的従属性と経済的従属性による判断に適い，適切であろう。この意味から，所定労働時間のみによって被保険者資格を決定する現行制度には疑問が残る。

　具体的には次のような問題が生じよう。たとえば，複数の雇用によって生計を維持するマルチジョブホルダーは，複数の適用事業に雇用されていることになる。しかしながら，現在の取扱いは生計を維持するに必要な主たる賃金を受ける雇用関係のみ保険関係を成立させることになっている[15]。ところが，このよ

うな働き方は短時間労働になりやすく，所定労働時間の制約から被保険者となることが困難である。さらに，ひとつひとつの労働契約に期間の定めがある場合，20時間以上就労していても，生計維持の必要性が高いにもかかわらず，雇用保険を適用することができない。仮に被保険者資格を認めるとしても，給付面において複数の雇用関係すべてが消滅しない限り失業に該当しない以上，基本手当を受けることができない。このために，今回の改正でも見送られた論点となった。この点については，労働時間短縮による賃金減少を「部分失業」とみなして失業保険給付を行う諸外国の立法例が参考になろう。[16]

昨今の雇用政策動向を踏まえても，労働時間の短縮，ワークシェアリング，トライアル雇用，母子家庭の就労自立支援，障害者雇用の促進など，必ずしも週40時間労働を前提としない多様な就業形態を利用した労働市場への参入支援を行っている。被保険者資格はこれに相反する結果を生むこととなる。そもそも短時間の就業によって生計を維持する生産性の高い労働者も出現するかもしれず，労働時間のみによって生計維持を判断する根拠が乏しくなってきているということができよう。

このように考えると，労働時間のみによる判断はもはや正当性に乏しく，経済的従属性，すなわち賃金水準で決する方が良いかもしれない。比較法的にも，所定労働時間による適用除外を定めている国はドイツだけであり，これ以外は賃金水準のみで決することが多い。ただ，被保険者資格を年収見込で決する場合，これに対するデメリットとして濫給と安易な離職が予想される。これを防止するためには失業認定を積極的に活用すべきであろうが，現実的には人的従属性と経済的従属性，すなわち，労働時間または賃金水準が一定以上の場合に被保険者にするとの取扱いが望ましいであろう。したがって，所定労働時間が

---

15) 労務行政研究所（2004年）297頁。なお，主たる雇用関係がいずれにあるかの判断が困難であるとき等は，労働者の選択によりいずれかひとつの雇用関係について被保険者資格を認める場合がある。いずれにせよ複数の雇用関係に複数の保険関係が生じることはない。
16) なお，ILO 168号条約（雇用の促進及び失業に対する保護に関する条約（1988年）ただし日本は未批准）10条では，部分的失業による勤労所得の喪失について制度を拡大すべきとする。その必要性について，有田謙司「労災・雇用保険」河野正輝・中島誠・西田和弘編『社会保障論』（法律文化社，2007年）119頁。

一定以上であるか，または年収見込が一定額以上の場合であれば被保険者資格を認める方策で被保険者の範囲を拡大すべきであろう。

3　有期労働契約と受給資格

　一般に，労働契約期間の長短によって被保険者資格の有無が判断されることはない。ただし，短時間労働者で且つ短期の雇用に就くことを常態とする場合には，被保険者資格を得ることができない。[17] 有期労働契約で且つ短時間労働者を除外している理由は，雇用保険の被保険者が自己の労働によって得た賃金によって生活している者と把握され，その範囲は収入ではなく時間的拘束性と雇用の継続性によって決するべきであると説明されている。そして，雇用の継続性は「同一の事業主に引き続き被保険者として雇用される期間が一年未満」であるか否かによって判断される。

　ところで，派遣労働者は雇用保険の適用を派遣元との間で成立させることとしている。しかしながら，労働者派遣法には派遣期間の上限規制があるが，そのために登録型派遣労働者の雇用保険適用が事実上困難であるという現象が生じている。派遣就業が反復継続している必要があり，且つ，同一の派遣元との間で1年以上の雇用見込が必要であることから，被保険者資格との関係で齟齬を生じているのである。

　このような扱いに対し，短期・断続的な派遣労働を繰り返す労働者は失業しても受給資格を満たさない以上，保険料拠出を強いることが不合理であるとか，安易に離職を繰り返すというモラルハザードが生じるといった批判が予想されよう。しかし，受給資格発生要件としての被保険者期間が通算されることから，給付面での課題はクリアされる。したがって，非典型労働者の生活の安定という視点からすると，「同一の事業主」要件は必要なく，さらに一年要件も派遣法との関係で再考の余地がある。

---

17)　労務行政研究所（2004年）303頁。なお，短時間労働者にかかる被保険者資格を決定しているのは行政規則であり，雇用保険法そのものではない。重大な権利義務関係の確定は法律事項にすべきであろう。

シンポジウム（報告③）

Ⅳ　所定給付日数

1　所定給付日数の考え方

　所定給付日数は，失業保険法制定当時，離職から再就職に至る状況と各国の失業保険制度に鑑み，180日に固定されていた。これに，1955（昭和30）年には季節労働者に対する濫給防止策という観点と，保険財政への寄与と再就職困難性から被保険者期間に応じるものとして被保険者期間が加味された。1975（昭和50）年の雇用保険法では就職の難易度を決する最も大きな要因が年齢であるとして，これを考慮要素とした。さらに，2000（平成12）年には悪化する雇用保険財政を背景に，給付を真に必要がある者に重点化させるとの観点から，離職理由を考慮するようになった。この結果，現在の所定給付日数は，原則的な考え方として再就職困難性によって決すべきものとし，その考慮要素として被保険者期間，すなわち保険財政への貢献程度と転職経験の有無，離職理由を考慮するという複雑なものとなった。

　被保険者期間の長短に応じて所定給付日数を決定させることについては，基本手当の支給残日数が所定給付日数の3分の1以上且つ45日以上あった場合に支給される就業促進手当の存在とも相まって，保険財政への貢献が貯金ないし年金類似の役割を担うことになり，妥当ではないとの批判がある[18]。これに対し，被保険者期間に応じた設定は，長期雇用へのインセンティブを与えることになり，長期雇用維持との政策意図を実現するための誘導策として積極的に評価することもできよう[19]。しかしながら，実際には長期雇用維持誘導策の効果が明らかでないばかりか，不本意な雇用状態にある労働者を生活上の問題から不当に離職させない効果を持ち得る。

　離職理由については，基本手当が社会保険である以上，時期を区切った給付になるのはやむを得ないであろう。したがって，再就職困難性によって所定給

---

[18]　八代尚宏「高齢者就業と雇用保険制度の役割」日本労働研究雑誌456号（1998年）25頁。
[19]　小西康之「長期失業者に対する失業給付制度の展開と課題」日本労働法学会編『講座21世紀の労働法第2巻　労働市場の機構とルール』（有斐閣，2000年）253頁。

付日数を決することには一定の合理性を認めることができる。離職理由はその一要素となり得るであろう。なるほど特定受給資格者にかかる離職理由は，失業に対する予測可能性がないことから失業の非任意性を推定させる要素となり，求職活動に時間を要するかもしれない。しかしながら，再就職困難性は離職理由よりはむしろ労働者の年齢・技能・職歴などに左右されることが多い[20]。したがって，本来的には被保険者期間に応じた所定給付日数を設定しつつ，失業者個々に再就職困難性を判断することが適切であろう。しかし，これでは実務上困難であろうから，離職理由により給付を集中化させている現行の特定受給資格者制度が合理的であろう。

2 長期失業と所定給付日数

近年の失業動向の特徴は，失業率が低下傾向にあるものの，失業期間，とりわけ基本手当の所定給付日数を経過したものと推測される長期失業者が激増している点にある。実際，受給期間が終了した後に保険給付を受けないながら求職活動を行っている失業者は50％を超え，支給期間中に再就職した者は20％程度に過ぎない[21]。

これには失業期間が長期化してヨーロッパ型に近づいたということ，このような失業情勢と所定給付日数体系のミスマッチを指摘することができよう。特に後者は，所定給付日数が短い不安定就労者に失業のリスクが高いことを推測させ，労働市場変容の反映でもあるということができる。他方で，実際の所定給付日数は短期に止まり，受給者中の所定給付日数が90日である者が40％を超えている。こういったことからすれば，所定給付日数の設定方法の意義を問い直さなければならないであろう。

もっとも，従来から基本手当の受給のみで対応できない長期失業者の保護を

---

20) 清正（2001年）235頁，有田（2002年）162頁。
21) 支給終了後1ヶ月以内に就職している者が26.8％である。このように，保険給付期間が満期に近づくと失業から離脱する確率が急に高まるというスパイク効果があることはよく知られている。ただし，再就職が自然的ではなく人為出来である以上，再就職時の交渉力を維持することが望ましいとの観点からすれば，スパイク効果は不可避である。なお，橘木俊詔『セーフティ・ネットの経済学』（日本経済新聞社，2000年）160頁。

シンポジウム（報告③）

図るため，①個別延長給付，②広域延長給付，③全国延長給付，④訓練延長給付の各制度が設けられていた。ただ，個別延長給付は倒産解雇という特定受給資格者の区分要素を設けた2000年改正によって廃止されている。また，広域延長給付，全国延長給付は個別の失業者に関する再就職可能性とは無関係に設定されるものであり，一般的な長期失業対策であるとは言い難い。さらに訓練延長給付はその重要性の一方，職業訓練を必要とする失業者のニーズに量的・質的に応えてないことから，これも一般的な長期失業対策となり得ないのが現状である。

そもそも，所定給付日数が限定されている理由は，支給期間の長期化に伴う失業者の就労意欲の減退と雇用保険制度内への滞留を防止することと，大量失業に長期の給付を行うことによる財政問題であると指摘されている[22]。ところが，実際の機能としては，所定給付日数を短く設定することで失業者を再就職に向かわせるという，失業者の生活上の事情によって求職行動を誘導してきた面があろう。このような政策は，昨今の長期失業情勢を予期していなかったものであり，失業時に再就職支援を個別化することでエンプロイアビリティの維持向上を図り，労働市場に再編入させる雇用保険の本来の趣旨から逸脱したもの，といわざるを得ない。したがって，雇用保険で長期失業に対応する以上，特定受給資格者以外の失業者について，新たな個別延長給付を設け，あるいは拡充を図り，失業者の個別事情に即した職業紹介，職業訓練を拡充させることが必要であろう。

V　失業時生活保障の再構築

1　再構築の視点

それでは，どのようにして失業時のセーフティネットを確保すべきであろうか。そもそも雇用保険が社会保険であることから，新卒無業などの新規求職者には被保険者資格自体が発生しない。さらに被保険者資格を持たない労働者が

22）荒木誠之『社会保障法読本（第3版）』（有斐閣，2002年）150頁。

増加し，所定給付日数を経過した失業者が増加している現状に鑑みれば，被保険者資格を拡大し，所定給付日数を延長する必要性が高まっている。

　しかしながら，単純に給付内容を寛大なものにすればよい，というわけでもない。OECD が報告するように[23]，失業時の生活保障給付が給付水準と所定給付日数の面で寛大であればあるほど，失業期間は長期化する。そして職業経験のない者については被保険者となる可能性すらないことから，単純に被保険者資格を拡大しても限度があるだろう。

　現行法の対応としては，生活保護法がこの場合のセーフティネットとなっている。生活保護が長期失業者や新規求職者の生活保障を担いつつ，生業扶助による失業者の職業能力の向上と労働能力活用を図っていくことになる。しかしながら，雇用保険と生活保護では，失業者の主体的な求職活動時における生活保障に関わる法規範が大きく異なっている。すなわち雇用保険法は「職業に就くことができない状態」における生活保障といった，勤労の権利義務との関係でこれを把握するのに対し，生活保護は「生活困窮状態」に着目し，勤労の義務と生存権との関係でこれを把握する。さらに，生活保護では，労働能力を活用するのみならず，資産を活用することが要件となっており（生活保護法 4 条 1 項），扶養義務が優先され（生保法 4 条 2 項），受給も世帯単位で行われる（生保法10条）。つまり，雇用保険と生活保護とでは，制度的な連続性を有していないばかりか，その任務が明確に区分されている状態にあり，両者は明らかに異質な規範によって支えられているということができる。

　これについて，ヨーロッパに見られる失業扶助制度を導入することで，両者のギャップを埋めることができるものと考える。その際，雇用保険が対応しない非正規雇用，長期失業，新規求職者がどのような状態にあるかが，制度を構築する上で重要な視点となろう。なお，雇用保険法改正法附帯決議[24]においても「諸外国における公費による補足的失業扶助制度」について調査を行うこととされており，ILO 168号条約においてもその重要性が確認されている。

---

23)　OECD 編著（樋口美雄監訳・戎居皆和訳）『世界の労働市場改革・OECD 新雇用戦略——雇用の拡大と質の向上，所得の増大をめざして』（明石書店，2007年）91頁。
24)　2007年 4 月10日厚生労働委員会。

シンポジウム（報告③）

　長期間失業状態にある者は，労働市場という場から排除され，ひいては社会的に排除されている状態にある。このような社会的排除の結果，長期失業状態は「身分」として固定化しつつあると見ることができる。このことは，新規求職者にも該当するかもしれない。公共職業訓練が実質的には雇用保険とセットになっている以上，このような状態にある者は結果として職業能力を維持向上する機会を喪失し，能力の低下を招き，労働市場に（再）編入されることが困難になるという悪循環に陥るかもしれない。むしろ，労働市場に編入させることを困難にするような阻害要因を解明し，積極的に支援する必要がある。

　このような視点からすると，短期失業者と長期失業者とでは，制度設計における規範理念が異なるのではないか。[25] 短期的失業者に対しては，勤労の権利が主たる法目的であり，職業能力の維持向上を確保しつつ円滑な労働移動を図ることが必要である。したがって，具体的な基本手当の制度設計に際し，給付水準としては現行の定額制を加味した定率制を維持することによって生活の安定を図るべきあり，所定給付日数は長期失業者としての身分を得るに至らない期間に設定すべきであろう。長期失業者に対しては，給付水準設定において生存権保障を図りつつ，失業者個々の状況に応じた労働市場からの阻害要因を除去するような支援を行うことが必要になろう。

2　失業扶助の類型と生活保護

　一般に失業扶助は，失業保険の受給が終了したにもかかわらずなお失業状態にある者，または，被保険者期間が短いあるいはないことによって失業保険の受給要件を満たさないものの一定の要件を満たした者に対し，事前の保険料拠出を要件とせずに支給されるものである。このような失業扶助は，受給要件に単に積極的な求職活動を行っているのみならず，所定の生活困窮常態にあることが必要である。

　この点において生活保護給付と類似性がある。両者の関係については比較法的に①公的扶助を労働能力のない者に純化したカテゴリー扶助とし，労働能力

---

25)　小西（2000）250頁。

のある者はすべて失業扶助の対象となる公的扶助アプローチ，②失業保険受給期間が経過した失業者に対する失業保険の補足的な制度として失業扶助を位置づける，失業保険アプローチがある。この場合には一般扶助としての公的扶助が残るが，失業給付受給要件は寛大なものであり，失業者も対象とする公的扶助給付サイドを厳格なものとすることとなる。

いずれの方法にしても，失業者を労働市場への接触を維持させることによって職業能力の維持向上を図ることができ，モラルハザードの回避に関しては受給要件の判断に際して，積極的な求職活動のみならず，一定の職業訓練プログラム参加を義務づける手法を採用している。

それでは，我が国で失業扶助を構築する際はどう考えるべきであろうか。これには，各社会保障給付の役割分担と，それらに対する財政責任によって規定されるものと考える[26]。

短期的な失業の発生要因は，国と労使にある。したがって，その費用は三者が負担することになり，雇用保険の基本手当が適合的であろう。しかしながら，三者の費用負担は等分である必要はなく，比較法的に見ても低率に止まる労使の保険料率を引き上げ[27]，適切な積立金を保有し財政を安定させた上で，失業発生につき一端の責任を有する国が，急激に雇用情勢が悪化した場合に追加的に負担するという方策が考えられる[28]。

長期失業者等に対する失業扶助は，生活保障と労働市場編入への阻害要因を除去するという目的からして，財政責任は国が負うということになろう。このような失業の長期化等に伴う社会的費用負担の必要性については，社会的にコンセンサスを得られつつあるものと思われる。ただ，このような方法をとる場合，勤労の義務の観点から職業能力開発ないし職業紹介を第一義に据えた上で，就業に至るまでの失業扶助給付は副次的にとらえることになろう[29]。

---

26) 丸谷（2007年）を参照。
27) 本誌中窪論文各国比較表を参照。
28) ただし，いったん引き下げた国庫負担を引き上げることについては，一般会計を用いる以上，政治的には困難であることに留意すべきである。
29) 菊池馨実「最低生活保障のあり方と公的扶助の役割──主として所得保障の側面から」週刊社会保障2195号（2002年），有田（2002年）163頁。

ところで，生活保護行政では，「利用しやすく，自立しやすい」制度をめざし，福祉事務所に対して被保護者の個別事情に即した自立支援プログラムを策定することとしている。この中でも就労自立支援プログラムが，被保護者の問題発見と解決の上で成果を上げているものがある。このような事情に照らし，社会保障制度の機能分担ということからすると，生活保護から労働能力者を分離させ，就労自立支援プログラムを基盤とした積極的雇用政策とセットになった失業扶助制度を設けることが必要であると思われる。

他方，このような生活保護からの分離と失業扶助の創設が，近年のヨーロッパが採用している政策とは逆行しているとの指摘がある[30]。このために日本は失業扶助を導入するよりも生活保護制度そのものを就労可能な者に対する生活保障制度として活用していくことを考えるべきであるとする。具体的には，就労可能な者に対しては生活保護法の補足性要件を緩和し，一定の資産保有を認め求職活動を義務づけると同時に6ヶ月程度の有期給付とするとの案がある。

しかしながら，1946年の旧生活保護法が保護の欠格条項として「能力があるにもかかわらず，勤労の意思のない者，勤労を怠る者」をおいていたことに対し，現行の生活保護法ではこれを廃止するとともに保護の無差別平等（生保法2条）を規定した趣旨からすれば，生活保護法の枠内で就労可能な者だけを取り出して差別的取扱を行うことは不可能である。さらに，保護の実施機関が就労指導を行うことができるのは「被保護者の自由を尊重し，必要の最小限度に止めなければなら（生保法27条2項）」ず，その指導指示も最低生活保障と自立の助長という「目的達成に必要な」ものに限られる（生保法27条1項）。現在の生活保護法が機能不全を起こしていることは事実であるが，その主因は硬直的な保護行政にあるのであり，生活保護法の原理・原則ではない。さらに，高齢者やしょうがい者福祉施策が生活保護法から単法独立化していった契機に照らしても，生活保護から長期失業者を分離することが不合理なわけではない。

---

30) 濱口桂一郎「格差社会における雇用政策と生活保障」世界の労働58巻1号（2008年）21頁。

VI おわりに

　我が国の雇用保険は，非典型労働者と長期失業者の増大に対処できていないことわかった。長期雇用社会を前提とした雇用保険法が，保護の対象となる被保険者を失業リスクの低い正規労働者に限っていることからすると，現行法のセーフティネットは短期的な労働移動を円滑にするという機能を有しているということができる。

　しかし，すべての失業者に対する生活の安定が必要である。この場合，長期失業者や受給資格なき失業者に対して，失業時のセーフティネットを確保しつつモラルハザードをいかに回避していくかということが，失業時生活保障に問われている先進国共通の課題である。したがって，我が国に必要とされているのは，失業扶助制度を創設することによって長期にわたる失業時の生活保障給付を確保しつつ，その受給要件として労働市場への接触を求めるといったワークフェア的対応を行うことであろう。しかしながら，雇用保険の給付を手厚くしたり失業扶助を創設する場合には，負担の増加が避けられない。ただ，国際的にも低い保険料率と失業給付に占める低率の国庫負担に鑑みれば，増大する失業リスクに対して社会としてもそれに相応しい負担を行うべきである。

（まるたに　こうすけ）

雇用保険給付の政策目的とその役割

山 下　　昇
（九州大学）

I　はじめに

1　失業保険・雇用保険の目的の変遷
(1)　労働市場における雇用保険給付の役割

　本稿では，雇用保険給付が有するセーフティネットの機能を，「健全な労働市場を維持するための安全装置」として捉える[1]。その意味で，失業時の所得保障が，雇用保険給付の中核的な役割であることはいうまでもない。さらに，雇用が，単なる生計の基盤としてだけでなく，労働権の実現という規範的価値を伴っていることからすれば，雇用保険給付が，保険事故としての失業を防止したり，労働者による主体的な雇用状況の改善等をサポートしたりする役割を担うことも，その機能の一つといえるだろう。また，就労を希望しつつも，労働市場への参入が困難な者について，その障壁を取り除いて雇用機会を確保・拡大したり，そのために，雇用を創出したりすることも，雇用保険給付の役割と考えることもできる。

(2)　Unemployment Insurance

　1947年制定の失業保険法は，失業者の「生活の安定を図ること」を目的と定めていたが，生活の安定は，就労によってもたらされることが第一義であるから，「再就職の促進」が明文化されていないとしても，それは不可分の関係として内包されているというべきである。失業中の生活安定と早期再就職の促進は，失業補償の保険（Unemployment Insurance）としての基本的役割であり，

---

1)　セーフティネットを，市場を維持するための不可欠な安全装置として捉える。石田真＝和田肇「労働と人権」法の科学29号40頁以下（2000年）参照。

求職者給付(特に基本手当)がその中核となる。

(3) Employment Insurance

1975年施行の雇用保険法では,これに加えて,「(再)就職の促進」と,「職業の安定に資するための雇用状態の改善・労働者の能力開発等を図ること」を目的とし,また,1977年の改正では,「失業の予防」が目的規定に明記され,雇用安定事業を加えた四事業化と「雇用安定基金」(労働保険特別会計法)の設置が行われた。これらにより,雇用保険は,失業時の生活保障に加えて,付帯事業としての雇用安定事業等を通じて,雇用の維持・安定,失業の防止(Employment Insurance)の役割を併せ持つこととなった。雇用保険法は,積極的雇用政策を実現する財政的担保としてだけでなく,実質的に,雇用政策の基本法として機能していたと評価することもできよう。[2]

さらに,1994年改正では,育児や高年齢(定年)を理由に「雇用の継続が困難となる事由が生じた場合」に対して,付帯事業としてではなく,失業等給付として,雇用継続給付が定められた。失業等給付が失業時の所得保障だけでなく,失業防止自体を目的として,在職者に対して給付されることとなった。このころまでの雇用保険給付は,基本的に内部労働市場を前提として,既存の雇用(一時的な休業(教育訓練)や出向を含む)維持に重点が置かれていた。

(4) Employability Insurance

ところが,長期不況の中で,内部労働市場の限界を踏まえ,労働移動が不可避であるとの認識の下に,「失業なき労働移動」という考え方が登場する。加えて,労働市場は,求職者に対してより高いあるいは新しい技能を求めるようになり,非正規雇用の増加など雇用の質的変化も顕著となった。こうした変化を受けて,外部労働市場でも通用するようなエンプロイアビリティの向上の必要性が強調されるようになり,2001年の雇用対策法の改正では,「円滑な再就職の促進」その他の措置の実施により,外部労働市場を通じた職業生活の全期間を通じた職業の安定という基本的理念が宣言されるに至った(3条)。エンプロイアビリティとは,①仕事に就いていない求職者の「就職できる(採用さ

---

2) 濱口桂一郎『労働法政策』(ミネルヴァ書房,2004年)136頁参照。

れる）可能性」，②在職者の「転職できる可能性」，または，③在職者の「雇用され続けることのできる可能性」を含意するもので，ここでの可能性とは，使用者から評価されて雇用につながる労働者の能力」と捉えることができる[3]。

日本では，特に，在職者の②③の意味で用いられることが多く，また，それは，エンプロイアビリティを高める過程としての「キャリア形成」という文脈でも用いられてきた。エンプロイアビリティを高めることは，既存の雇用を維持するためにも，失業した場合の再就職の機会を拡大するためにも，労働者が希望する雇用への移動を容易にするためにも効果的と考えられる。そうすると，OJTが中心となる企業主体の教育訓練だけでなく，外部労働市場でも通用するような能力開発を，労働者個人が主体的に取組むことを支援する必要がある。1998年の改正では，「労働者自ら職業教育訓練を受けた場合」が目的として追加され，失業等給付でありながら，在職者にも給付される教育訓練給付が創設された。

これに対して，エンプロイアビリティの①の側面も重要である。EUにおいては，エンプロイアビリティという言葉は，若年失業者や長期失業者をはじめ，福祉受給者や高齢者など，労働市場から排除された人々をいかにして労働市場に統合し，就労の機会を与えるかという問題意識の下で用いられていることが指摘されている[4]。雇用保険も，雇用安定事業等を通じて，就職困難者に対する就業促進政策を実施するなど，重要な役割を果たしてきたが，そのことは，これまであまり注目されてこなかったように思われる。2007年改正において，二事業の対象として，「被保険者になろうとする者」が明確化されたことは，雇用保険給付の機能・目的の変化を象徴的に表しているといえる。このように，雇用保険給付は，失業者が技能を向上させ，新たな技能を身につけることを援助し，労働市場に再参加することを支援するような「エンプロイアビリティ」を高める保険（employability insurance）としての機能も併せ持っているのである[5]。

---

3) エンプロイアビリティという概念については，諏訪康雄「エンプロイアビリティは何を意味するのか？」季刊労働法199号81頁（2002年）。第9次雇用対策基本計画にも明記されている。

4) 濱口桂一郎「EUの雇用戦略」日本労働研究雑誌516号55頁（2003年）。

2 本稿の課題

近年，雇用保険の被保険者資格または受給資格を満たさない失業者が増加していることなどから，雇用保険の本体部分である基本手当の生活保障機能が弱体化していることが指摘されている（丸谷論文参照）。これに対し，求職者給付以外の雇用保険給付は，早期再就職の促進，失業の防止，職業の安定，就職困難者の就業促進などの政策目的実現のために，複合的な役割を果たしつつ，本体部分の機能を補う働きをしているといえる。以下では，現行の雇用保険給付（求職者給付以外の給付）に関して，その政策目的の観点から整理し，どのような役割を担い，今後，どのような役割を果たすべきかについて検討する。

Ⅱ 失業等給付の目的と役割

1 再就職の促進

雇用保険法が，労働権の実現という規範的価値を有し，給付による生活保障が第二義的なものであることから，再就職の促進という役割は，生活安定と不可分の関係にある。基本手当を通じて失業時の生活安定を図ると同時に，再就職促進のためには，その給付額の設計により，例えば，手厚すぎないようにしたり，段階的に減額したりして，就職へのインセンティブを高める方法もある。しかし，現行制度上は，就職促進給付（再就職手当・就業手当）が，再就職の促進の役割を担っている。再就職手当は，所定給付日数の3分の1以上，かつ，45日以上を残して早期に安定的な職業に再就職した場合に，支給残日数の30％に基本手当日額を乗じた額の一時金を支給し，就業手当は，非常用就業の場合，就業日ごとに基本手当日額の30％相当額を給付するものである。これらは，再

---

5) 濱口桂一郎「立法状況報告 労働基準法，労働者派遣法・職業安定法及び雇用保険法各改正案の論点」季刊労働法202号53頁（2003年）。
6) 遠藤政夫『改正失業保険法解説』（雇用問題研究会，1949年）2頁参照。
7) 失業保険の就職支度金制度の濫用の問題を改善するために，当初，雇用保険においては，移転費および広域求職活動費のほか，真に就職困難な者に限定した常用就職支度金とされていたが，再就職意欲を喚起するために，1984年の改正の際に，再就職手当制度が創設された経緯がある。

【表1】 再就職手当と就業手当の状況（数値は両手当を合計したもの）

年	1998	1999	2000	2001	2002	2003	2004	2005
給付額（億円）	1,927.1	1,841.8	1,597.9	1,221.3	952.4	166.6	105.5	570.1
支給者数（万人）	41.82	39.57	40.26	39.36	38.28	9.50	7.11	33.23
早期再就職者支援基金事業 ※ 2005年3月31日までの時限事業					支給額（億円）	775.7	776.2	84.9※
					支給者数（万人）	39.77	44.07	4.51※
再就職手当受給者数（就業手当含まず）	2005年		31.94万人			2006年	36.66万人	
再就職手当給付総額（就業手当含まず）	2005年		525.0億円			2006年	569.2億円	

出所：雇用保険事業年報，厚生労働省・平成17年度政策評価実績評価書

就職意欲を喚起して，早期の再就職を積極的に奨励するものであり，同時に，雇用保険財政の負担軽減や節約に寄与するとされている。[8] ただし，その効果は必ずしも実証的データによって裏付けられているわけではなく，政策効果について検証が必要である。

例えば，2003年に，雇用保険財政の悪化を受けて，基本手当の給付日数の短縮と再就職手当等の給付率の引下げが行われた。同時に，不良債権処理の加速に伴う大量の失業者の発生に対処するため，2004年度までの時限事業として，一般会計から基金を設けて，早期再就職者支援基金事業が実施された。これは，支給残日数を3分の2以上残して常用就職以外の形態で就業した場合に，就業した日について基本手当日額の40％相当額を支給（早期就業支援金）し，常用就職した場合，支給残日数の40％に相当する日数分の基本手当の額を支給（早期再就職支援金）するもので，就業促進手当との併給はせず，同手当と類似の給付として，その代替的機能を果たした。結果的に，雇用保険の再就職手当等の受給者が，一時的に同事業に吸収されたものの，同事業終了後に，再び再就職手当等の給付が増加している。給付額の引下げ前の2002年と2006年の再就職手当の給付状況を比較すると（【表1】参照），受給者数はわずかに減少したもの

---

8) 藤原稔弘「雇用保険法制の再検討」日本労働法学会誌103号52頁（2004年）。

の，給付額は大幅に削減されている。就業促進手当については，給付がなくとも，あるいは，より低額であっても早期再就職していた者が受給した可能性があり，保険財政の負担増になるとの指摘がある[9]。受給者数を早期再就職促進の効果としてみるならば，給付額が減少しても，そのインセンティブ自体は，それほど低下していないとみることもできる。

　もちろん，早期再就職の促進について，本来的には，職安行政における再就職に向けた働きかけや支援を強化すべきであるともいえる。つまり，就職・訓練拒否を含めて，求職活動が誠実でない場合等の給付制限も考えられるが，運用上は，容易ではない。その他に，基本手当受給者の再就職意欲を高める直接的な仕組みがあるわけではなく，基本手当の設計を通じた再就職意欲の刺激策を実施しても効果があるか不明確であり，就職促進給付の必要性は否定できない。ただし，給付額を引き下げたとしても同程度の効果が上がるとすれば，保険財政の負担軽減という観点から，その水準の引下げも検討すべきである[10]。ただし，こうした再就職促進効果は，比較的再就職が容易な短期失業者にのみ効果があるという点も，留意が必要である。

　また，就業手当は，常用雇用以外の場合でも支給するものであるが，常用雇用と非常用雇用との均等処遇の観点から，肯定的な評価もあるものの[11]，他方で，非常用雇用を促進するものであるとの批判がある。そこで，非常用雇用から常用雇用への移動を支援する施策もセットで考えるべきである。もちろん，就職促進給付の枠内でということではなく，常用雇用への橋渡しの施策は，雇用保険の対象者の観点からも，積極的雇用政策の一環として実施すべきものと考えられることから，二事業において検討する必要があろう。

9）　以前から雇用保険財政の悪化を生じさせているだけではないかとの指摘もあった。濱口・前掲注5）論文52頁。
10）　現行の雇用保険の仕組みを踏まえ，就職促進給付の給付率の引下げに反対する見解として，藤原・前掲注8）論文65頁参照。
11）　藤原・前掲注8）論文65頁参照。

シンポジウム（報告④）

2 失業の防止・雇用の維持
(1) 高年齢雇用継続給付（高年齢雇用継続基本給付金）

　雇用継続給付は，失業していなくても，「雇用の継続が困難となる事由が生じた場合」を失業に準じた保険事故として給付を行うことにより，失業を防止し，失業給付の節約と保険料収入を維持・確保することを目的としている。そのうち，高年齢雇用継続給付は，高年齢者雇用安定法9条により義務化された高年齢者雇用確保措置の実施を促進するという政策目的を有し，60歳以上65歳未満の被保険者について，各月に支払われた賃金の額が60歳時点の賃金額の75％未満となる場合に，原則として各月に支払われた賃金額に15％を乗じた額を支給するものであり，高年齢者の賃金低下を補償する機能を持っている[12]。定年後の継続雇用の賃金が，受給する基本手当の額よりも低下するために（逆転現象），基本手当や年金等の受給の安易な選択を招くことから，所得減額分の一部を保険給付で補うことによって，継続雇用を選択させるよう誘導する仕組みである。

　実際に，継続雇用制度実施に関する調査等でも，公的給付の受給状況を考慮していることが示されており[13]，同給付がない場合に，高年齢失業者の増加の可能性が高まるといえそうだが，こうした政策目的実現のために，雇用保険の失業等給付から支給することには批判がある。なぜなら，定年後の賃金よりも基本手当の水準が高いこと自体（逆転現象）は，基本手当の制度設計の問題であって[14]，この制度設計に手を加えることなく，別の給付で是正するのは，正攻法とはいえないだろう。これについて，雇用保険部会の報告書では，暫定的な仕

---

12) 岩村正彦「変貌する引退課程」同ほか編『岩波講座現代の法12巻』（岩波書店，1998年）326頁が詳しい。なお，もともと給付額の8分の1について国庫負担があったが，2007年改正で，65歳までの雇用が企業に義務づけられたことから，段階的に廃止すべきものとされ，国庫負担が廃止された。

13) 労働政策研究・研修機構「高年齢者の継続雇用の実態に関する調査」は2006年10月1日時点での状況を紹介している。調査結果は，同機構のホームページからダウンロードできる（http://www.jil.go.jp/press/documents/20070402.pdf）。また，厚生労働省が2006年6月1日時点での雇用確保措置の実施状況を調査したものとして，「改正高齢法に基づく高年齢者雇用確保措置の実施状況について」（2006年10月13日発表）がある。

14) 濱口・前掲注2)書114頁。

【表2】 育児休業給付受給者数(基本給付金は初回受給者数)
(単位:人)

年	1998	1999	2000	2001	2002	2003	2004	2005
基本給付金	71,413	75,960	85,144	92,796	98,462	103,478	111,928	118,339
復帰給付金	52,487	57,778	63,338	68,673	75,393	81,274	85,421	92,573
復帰割合※	73.50%	76.60%	74.40%	74.40%	76.60%	78.50%	76.30%	78.20%

資料出所:雇用保険事業年報 ※(復帰給付金受給者数)÷(基本給付金初回受給者数)

組みと捉えた上で,高年齢者雇用安定法の趣旨を踏まえて,年金支給開始年齢までの引上げが実現する2012年度以降に段階的に廃止すべきものとされている[15]。仮に更なる定年引上げを図る事態となった場合でも,雇用政策の実現を目的として,雇用安定事業等を通じた賃金の一部助成という手法で対応すべきと考えられる[16]。

(2) 育児・介護休業給付

育児や介護によりいったん失業すると,従前と同じような仕事に再就職することが困難なことから,育児・介護休業法により労働契約関係を維持しつつ,その間の所得を保障する趣旨で支給されるのが,育児・介護休業給付である。休業期間中において,休業前賃金の30%相当額を育児休業基本給付金として支給し,休業取得後6ヶ月間被保険者として引き続き雇用された場合に,同10%相当額を育児休業者職場復帰給付金として一括して支給する(ただし,2007年改正により当分の間,復帰給付金の額が20%相当額に増額されている)。育児休業に関していえば,そもそも,出産までに退職する場合が多く[17],加えて,育児休業取

---

15) 労働政策審議会職業安定分科会雇用保険部会報告書「雇用保険制度の見直しについて」参照。同様の主張は,濱口・前掲注2)書115頁でも述べられている。
16) 高年齢者の継続雇用については,実質的に企業への補助金と化す可能性があること,これを助成金として直接的に事業主に支給するとすれば,助成金のないパート労働者や正規労働者に代替して,高年齢者の雇用が促進される恐れがあることが指摘されている。八代尚宏「雇用保険制度の再検討」猪木武徳=大竹文雄編『雇用政策の経済分析』(東京大学出版会,2001年)247頁,253頁参照。なお,高年齢者の継続雇用については,雇用安定事業として,継続雇用制度を設ける事業主に対して,継続雇用定着促進助成金が支給されている(2007年3月31日で新規の申請は廃止されたが,事業は2011年度まで継続される。助成金(継続雇用制度奨励金)の額は,2002年度以降,498億円,501億円,431億円,415億円,448億円で,2007年度予算は314億円)。

得後,職場復帰せずに退職してしまう場合も少なくない(【表2】参照)。

　こうした問題は,育児休業制度自体あるいは育児を取り巻く環境に起因するものといえるが,給付のあり方としても検討の余地はあろう。例えば,給付水準の低さは以前から指摘されていたが,2007年改正により暫定的に50％相当額へ引き上げられた。非課税で社会保険料が免除されるので,所得保障機能は高いといえる。もちろん,よりいっそうの引上げを望む主張もありうるが[18],失業等給付の枠内で給付されることから,失業した場合の基本手当の水準(賃金日額50〜80％)との対比でバランスを考慮する必要がある。

　また,育児・介護休業期間中の所得保障は,雇用保険ではなく,少子化対策や高齢者福祉といった全国民を対象とする社会政策でカバーすべきとの批判がある[19]。しかし,比較的長期にわたる育児・介護休業は,労働契約関係を基盤に法的権利として認められており,これを行使する場合に,事業主は休業させなければならない義務を負うことから,その所得喪失のリスクを,被用者保険の枠内でカバーすることも,あながち不合理とはいえず[20],その場合,健康保険よりも雇用保険のほうが妥当といえる。もちろん,失業等給付ではなく,二事業からの助成金という選択肢もありうるが,助成金による誘導では,企業間による制度のばらつきを生む可能性がある。少なくとも,法律上認められている,子が1歳(又は1歳6ヶ月)に達するまでの期間について,労働者の権利行使を,所得面で失業等給付から保障することは,失業防止という目的にも適うものと

---

17)　今田幸子=池田心豪「出産女性の雇用継続における育児休業制度の効果と両立支援の課題」日本労働研究雑誌553号34頁(2006年)によれば,1961-75年生まれの正規雇用の女性労働者のうち,初子出産まで雇用を継続していた割合は,26.9％とされる。育児休業制度が適用されにくい非正規雇用の女性労働者への適用拡大も課題として指摘されている。

18)　所得保障制度としては不十分との指摘があり,健康保険法の出産手当金の水準(3分の2)の給付が確保されるべきとの主張もある。水島郁子「育児・介護休業給付」社会保障法学会編『講座社会保障法第2巻所得保障』(法律文化社,2001年)247頁,荒木誠之『生活保障法理の展開』(法律文化社,1999年)240頁,清正寛「少子・高齢社会と労働法の課題」日本労働法学会編『講座　21世紀の労働法1巻　21世紀労働法の展望』(有斐閣,2000年)104頁。

19)　藤原・前掲注8)論文66頁,濱口・前掲注5)論文54頁。育児休業について,自営業者や無業者等の関係から公平性を疑問視する見解がある。八代・前掲注16)論文249頁。

20)　荒木・前掲注18)書240頁。

考えられる。

　また、給付自体は、法定の休業期間（原則として子が1歳に達する日までであるが、雇用の継続のために特に必要と認められる場合には、子が1歳6ヶ月に達するまで可能）に対応しているが、法定以上の育児休業制度を設ける企業も少なくない[21]。法定の上限を超える場合、育児休業給付は支給されないが、これに対応して、雇用安定事業として、育児休業取得促進等助成金が新設された（2010年3月31日までの暫定措置）。

3　職業の安定・円滑な再就職の促進

　教育訓練給付は、在職者の主体的な能力開発の取組みを支援し、失業を未然に防ぐという趣旨が含まれ、被保険者としての個々の労働者に共通して発生する雇用に関する問題（リスク）に対処する仕組みである失業等給付により、措置することが必要かつ適切と説明されている[22]。個人主体のキャリア形成の観点から、労働者の教育訓練に対する公的支援の必要性自体は、概ね支持されているといえる。ただし、方法として、雇用保険からの現金給付に限らず、奨学金のような貸付金として、その場合、休業・休職中の生計費も含めて、供給すべきであり、そのためには、雇用保険の枠内では限界があるので、国庫負担による社会政策の一環として行われることが望ましいとする主張がある[23]。

　また、支給の対象となる訓練の内容をどのような範囲で認めるか、受給要件や上限額をどのように定めるかといった問題を含め、適切な支給を行うことが容易ではない。そのため、近年の改正では、給付額が減額され（2007年改正で、受給資格として被保険者期間が3年以上、訓練費の20％・上限10万円に統一された）、受給者数と給付総額、利用割合は減少傾向にある。2007年改正では、利用促進のため、受給要件が緩和されたが（初回に限り1年以上の被保険者期間を満たせば

---

21) 労務行政研究所「仕事と子育ての両立支援実態調査」（2007年7月5日公表）労政時報3705号60頁（2007年）参照。
22) 労務行政研究所編『新版雇用保険法（コンメンタール）』（労務行政、2004年）161頁。
23) 八代・前掲注16)論文250頁、藤原・前掲注8)論文66頁。しかし、私見では、貸付の場合、債権の回収作業などの業務を伴うことになり、利用のインセンティブも、現行の給付の仕組みと比べて、低下すると考えられる。

シンポジウム（報告④）

受給できる），他方で，これまで受給者の8割程度を占めていた被保険者期間5年以上の利用者について，給付額が引き下げられることになった。エンプロイアビリティ強化の観点からは，受給要件緩和は歓迎できるが，給付額引下げについては，問題があるといえる。

Ⅲ　雇用保険二事業の目的と役割

1　雇用保険二事業の性格

　雇用安定事業等は，諸外国の雇用税や訓練税を参考にしたとされ，保険料は事業主のみの負担である（2007年改定により1000分の3）。そのため，事業主の共同連帯によって処理していくことがふさわしい事項がその施策の対象となるのであり，国民全体の共同連帯によって対処すべき事項は，租税を財源とする雇用政策の対象としていくべきであることから，助成金などの事業主に対する給付を中核として，対象は，被保険者又は被保険者であった者を原則とすべきであると説明されてきた[24]。実際には，法65条により，員外利用が認められていたため，被保険者以外も対象として，各種事業が展開されてきたが，今改正により事業の対象として「被保険者になろうとする者」が明確化された。

　なお，雇用安定事業等にかかる費用は，労働保険特別会計法に基づき執行されているが，その最も大きな支出項目は，雇用・能力開発機構などの独立行政法人およびその関連施設への交付金や補助金で，1000億円程度が支出され，全体の3分の1程度を占めている。

2　失業の防止・雇用の維持

　雇用安定事業は，被保険者等に関し，失業の予防，雇用状態の是正，雇用機会の増大その他雇用の安定を目的とした事業である。その代名詞のような存在が，雇用調整助成金であり，景気の変動等の経済的理由により事業活動の縮小を余儀なくされ，休業および教育訓練または出向を行った事業主に対して，休

---

24)　労務行政研究所・前掲注22）書87-88頁。

【表3】 雇用保険三事業関係収支状況

(単位：億円)

	52年度	56年度	60年度	元年度	5年度	9年度	13年度	16年度	17年度	18年度
収　入	1,647	2,284	3,346	4,207	5,367	5,657	5,347	5,193	5,254	5,401
支　出	1,112	2,850	2,144	5,739	5,641	5,037	5,839	3,892	3,683	3,578
雇用安定事業	92	1,543	714	3,448	1,979	2,160	2,917	1,557	1,481	1,448
うち特開金	-	19	328	1,391	483	579	659	234	233	229
うち雇調金	33	93	43	158	385	152	115	7	6	2
能力開発事業	334	516	712	1,235	1,576	1,424	1,724	1,432	1,395	1,345
雇用福祉事業	682	787	711	1,048	2,077	1,442	1,190	893	798	773
差引剰余	535	-565	1,201	-1,532	-274	620	-492	1,301	1,571	1,823
安定資金残高	1,081	1,609	5,036	2,794	4,081	2,806	2,609	5,312	6,883	8,706

資料出所：厚生労働省雇用保険課資料より作成

業手当，賃金または出向労働者にかかる賃金負担額の一部（2分の1又は3分の1）を助成するものである（法62条1項1号，雇保則102条の2）。これにより，事業主にとっては，費用負担の一部を保険給付でまかなうことができ，保険財政としても，失業等給付の対象者が発生しないことから，その負担を減じる効果を持つと考えられている。[25]

雇用調整助成金（雇用調整給付金）は，歴史的にみて，日本の雇用政策を，失業の予防と企業内の雇用維持を最優先とする内部労働市場政策へ大きく転換させた重要な役割を果たしたと評価されている。[26] 実際に，雇用保険法施行の1975

---

[25] その効果については必ずしも実証されているわけではない。古くは，篠塚英子「雇用調整と雇用調整助成金の役割」日本労働協会雑誌27巻10号（1985年）があり，最近のものとして，神林龍＝中馬宏之＝大橋勇雄＝中村二朗＝阿部正浩他「雇用調整助成金の政策効果について」日本労働研究雑誌510号55頁（2002年）。また，企業が負担する社会保険料は賃金コストの一部であることから，究極的には労働者に転嫁されているので，「企業だけが負担するから企業のためだけに使うべき」という理論は必ずしも成り立たないとの指摘がある。八代・前掲注16)論文250頁。
[26] 濱口桂一郎「雇用保険の法的性格」角田邦重＝毛塚勝利＝浅倉むつ子編『労働法の争点（第3版）』（有斐閣，2004年）265頁参照。

年には，552億円の支出があり（当初予算額は142億円），同年の三事業費（雇用改善等事業費＋雇用促進事業団支出）が954億円であったことからすると，確かに中核的存在であった。[27] しかし，1977年以降でみると，年度のばらつきはあるものの，平均180億円程度であり，2003年以降はあまり利用されておらず，予算に対する執行率は極めて低い状況にある。もちろん，景気の回復が一つの要因ということもできるが，長期的傾向からみても，雇用調整助成金を通じた雇用の維持という役割は，相対的に低下しているといえる（【表3】参照）。

3 職業（生活）の安定・円滑な再就職の促進

円滑な再就職を促進するためのものとして，労働移動支援助成金がある。これは，再就職援助計画（雇用対策法24条）を作成し，職安所長の認定を受けた事業主が，事業規模の縮小等に伴い離職を余儀なくされる労働者に対し，求職活動のための休暇を付与したり，再就職先となりうる事業所において職場体験講習を受講させたりする場合，もしくは，職場体験講習を実施した事業主が当該対象労働者を雇い入れる場合等に，支給されるものであるが（法62条1項2号，雇保則102条の4），事業規模としてはそれほど大きくない。

他方で，雇用安定事業として，円滑な早期再就職の促進機能を果たしているのは，職安における早期再就職専任支援員や再チャレンジプランナーによる早期再就職支援，失業給付受給者等就職援助対策費などの事業であり，その事業費はあわせて130億円弱の予算となっている（【表4】参照）。これらの事業は，職安を通じて，早期再就職の必要性が高い求職者に対して，その個々の状況に応じた体系的かつ計画的な就職支援を行うものである。そして，雇用保険受給資格者を対象とした民間教育訓練機関への委託訓練も，事業規模が大きく，こうした教育訓練を受けた場合の就職率は，非常に高い水準となっている（中内論文参照）。

また，エンプロイアビリティ強化の観点から，個人主体の能力開発やキャリア形成支援が政策として打ち出されているが，予算規模でみると，労働者の教

---

27) 北川俊夫『詳解雇用安定資金制度』（労働基準調査会，1978年）37頁参照。

育訓練やキャリア形成に取り組む事業主に対して積極的に支援・促進するような給付が，必ずしも十分にはなされていない。もちろん，労働者がいつでも転職するという労働市場においては，企業の教育訓練投資は消極的にならざるをえないが，労働者の主体的な教育訓練は，事業主の協力なしには困難といえる。また，企業主体の教育訓練も依然として重要であることから，企業に教育訓練費用を負担するインセンティブを与えるような施策も拡充していく必要があると考えられる[28]。何より，能開法4条1項において，事業主がキャリア形成において，責任主体として位置づけられていることも忘れてはならない。

4 就職困難者等の就業促進・雇用の創出

二事業の原則的な対象者ではないが，実際には，就職困難者等に対して，雇用安定事業の特定求職者雇用開発助成金が大きな役割を果たしてきた。同助成金が創設された1981年以降の実績は，年平均で580億円に達し，雇用安定事業の中核的助成金ということもできる。また，試行雇用奨励金も，就職の困難な特定の求職者（中高年（45歳以上65歳未満），若年者等（35歳未満）等）を対象とし，特に若年者に対するトライアル雇用については，職安における雇用先の開拓や個別的な対応もあって，常用移行率も高いといわれる（中内論文参照）。さらに，フリーター対策としての日本版デュアルシステム（公共訓練型）の実施に60億円強が支出されており，これも非常に高い実績を上げている。

こうした助成金や事業費は，若年者等の被保険者になる機会が乏しかった者に対して，被保険者として就労する機会を創出するものといえるが，その手法として，事業主への還元を前提として，助成金による雇入れに重点が置かれてきたように思われる。しかし，実際には，こうした就職困難者等にまず必要なのは，教育訓練の機会である。職業訓練という観点からいえば，デュアルシステムの利用者は限定的であり，公共職業訓練を受ける機会は制限されており，被保険者になろうとする就職困難者等に対する教育訓練に対しても，より積極的な二事業からの支出を検討すべきと考えられる。また，長期失業者に対して

---

28) 荒木尚志「労働市場と労働法」日本労働法学会誌97号55頁（2001年）参照。

シンポジウム（報告④）

【表4】 雇用保険二事業の支出項目（平成19年度予算額30億円以上のもの）

名　称	事業主体	予　算
雇用・能力開発機構運営費交付金	雇用・能力開発機構	796.9
継続雇用制度奨励金	高齢・障害者雇用支援機構	314.0
特定求職者雇用開発助成金	労働局	294.4
民間等を活用した効果的な職業訓練と就職支援の推進	雇用・能力開発機構	239.3
高齢・障害者雇用支援機構運営費交付金	高齢・障害者雇用支援機構	171.0
シニアワークプログラム事業費	民間団体等	67.4
失業給付受給者等就業援助対策費	公共職業安定所	64.7
日本版デュアルシステム（公共訓練型）の実施	雇用・能力開発機構	64.4
中小企業退職金共済事業費	勤労者退職金共済機構	60.7
試行雇用奨励金（若年者）	労働局	47.3
人材確保等支援助成金（中小企業基盤人材）	雇用・能力開発機構	44.7
通年雇用奨励金	労働局	38.4
人材確保等支援助成金（建設教育）	雇用・能力開発機構	37.4
産業雇用安定センター補助金	財団法人産業雇用安定センター	33.2
育児休業取得促進等助成金	労働局	32.9
早期再就職専任支援員	公共職業安定所	32.7
再チャレンジプランナー	公共職業安定所	31.1
人材確保等支援助成金（介護基盤）	労働局	30.7

出所：平成19年度の雇用保険二事業による事業の目標設定について　　　　　　（億円）

は，一般的な職業紹介では不十分であり，二事業において，積極的な再就職支援を講じながら，労働市場への再参加を促す施策が有効と思われる。

5　二事業の役割

　二事業の事業内容をみると，歴史的に大きな意義を持ってきた雇用調整助成

金をはじめとした雇用の維持という役割は，かなり後退しているといえる。また，労働政策審議会職業安定分科会雇用保険部会「雇用保険部会の中間報告について」（2006年8月4日）によれば，二事業関係に占める助成金の割合は，2007年度予算でいえば，35％にすぎず，助成金の執行率はそれほど高くないことを考えると，保険料の負担者である事業主に対して，必ずしも直接的に還元されているわけではない。他方で，実際には，就職困難者等に対する雇入れへの助成をはじめとして，常用雇用（被保険者）として就業することを促進する機能を担っている。

要するに，現行の二事業は，多様な性格の事業から形成され，広い意味で，事業主および被保険者等（なろうとする者を含む）の共同連帯の制度に変貌している。今後も，事業の見直しに当たって，人口減少下における全ての人の就業参加の実現を目的とした雇用政策が謳われており，フリーターの常用雇用化，非正規労働者の雇用安定の促進，福祉と雇用の連携による障害者等の自立・就労支援などに重点を置く方向性が示されている[29]。

IV　おわりに

本稿では，雇用保険のエンプロイアビリティを高める機能に着目し，教育訓練にかかる支出を拡充すべきことを述べ，雇用保険が十分対応できていない就職困難者や非典型雇用などの不安定就労者，長期失業者に対して，常用雇用の機会を確保することを通じて，常用雇用（被保険者）の増加を図ることを主張した。もちろん，二事業の予算で，雇用保険の本来的給付である基本手当の拡充を優先すべきであるとの主張もありうる。また，なぜ事業主負担分でそれをまかなうのかという疑問もあろう。

しかしながら，もともと，雇用保険法制定時に説明されていたように，三事業は，雇用税や訓練税を参考にしたとされている[30]。また，雇用保険の保険料負

---

29)　雇用保険三事業見直し検討会「雇用保険三事業の見直しについて」（2006年7月26日）参照。
30)　関英夫「雇用保険法案の考え方について」ジュリスト558号63頁（1974年）参照。

担者を増加させることにより，制度自体の維持安定に大きく寄与すると考えられる。そして，若年者等に対する教育訓練の機会を確保することによって，良質な労働力を確保することができ，長期的にみても，若年労働者等の活用は，産業政策としても不可欠といえる。このように，必ずしも助成金を通じた直接的な還元に限ることなく，間接的にではあれ，事業主に対して一定のメリットがあるものと考えられる。

　かかる観点からいえば，教育訓練給付の上限額の引下げや二事業におけるキャリア形成支援の不十分さは，今後改善していくべき事項といえる。また，失業や無業状態を出発点として，雇用保険給付や職業紹介がなされていることから，不安定就労者の常用雇用化への施策は，必ずしも十分ではないように思われる。何より，就職困難者や長期失業者に対して，教育訓練の機会を確保し，財政面で支援することも必要だと考えられる。こうした施策を，二事業の中で積極的に展開していくべきであり，その場合，既存の助成金や事業・給付金について，整理する必要がある。

（やました　のぼる）

再就職支援に果たすハローワークの役割
―― 失業認定・職業紹介の現状と課題 ――

中　内　　　哲

(熊本大学)

I　はじめに――本稿のねらいなど

　働く機会を失い，生活の糧となる賃金を得られなくなった失業者にとって，その最大関心は，おそらく「速やかなる再就職」と「それに至るまでの経済的基盤を確保すること」であろう。現在，わが国は，ハローワーク（公共職業安定所（以下，HW））を窓口に，失業等給付，とりわけ一般求職者給付により失業者の生活を支えながら（雇用保険法（以下，雇保法）10条2項，同法施行規則（以下，雇保則）18条以下等），職業紹介を通じて失業者が具体的な雇用や職を得られるよう努めている（職業安定法（以下，職安法）4条・8条等）。

　本稿は，①上述した失業者の最大関心に対応してHWが実施する措置や施策を「再就職支援」策と呼び，それらがセーフティネットとして最低限担うべき役割を果たしているか，という観点から分析・検証して現行制度を評価するとともに，②かりに当該評価が消極的になった場合，その改善策あるいは改善の方向性について言及することを，そのねらいとしている。

　以下では，一般求職者給付，職業紹介の順に取り上げるが，前者については，その具体的な給付内容・水準ではなく，失業者が当該給付を実際に手にするまでの階梯（以下，失業認定手続き[2]）のあり方に絞って論じる。

---

1)　この問題については，本誌に掲載された丸谷浩介会員の論文（30頁以下）を参照されたい。
2)　これをわかりやすく図示するものとして，2006年10月3日開催第11回官民競争入札等監理委員会厚生労働省提出資料4－1「民間提案のあった事業について（ハローワーク関係業務について）」(http://www5.cao.go.jp/kanmin/kaisai/2006/1003/061003-4-1-1.pdf) 2頁参照。

シンポジウム（報告⑤）

II 失業認定手続き——求職者給付受給への関門

　離職・失業した者は，求職者給付を得ようとして HW を訪れてから（出頭義務（雇保法15条2項））実際にそれを受け取るまでに，管轄公共職業安定所長による，①同給付の受給資格者（同条1項。受給要件については同法13～15条等参照）[3]に該当するか，②4週間毎の失業認定日に同法4条3項にいう「失業」状態にあるか，③給付制限事由（同法32～34条）に該当する事情を抱えていないか，以上3つの判断を経なければならない。これらに関する判断基準は，いわゆる『行政手引』（業務取扱要領）として詳細に定められている[4]。

1 同手続きをめぐる法的問題点——これまでの学説・判例の概況

　学説は，上記②③の局面で用いられる『行政手引』に対して批判を展開してきた。近時有力に主張される見解の核たる部分は，以下のように要約できよう[5]。

　まず前者②では，「失業」の定義で示された4要件のうち（雇保法4条3項），ア）受給資格者の労働の「意思」，イ）労働の「能力」，ウ）「職業に就くことができない状態」の3要件の判断基準に批判の矛先が向けられる[6]。ア）労働の「意思」は，「自己の労働力を提供して雇用労働者として就職しようとする積極的な意思」とされ[7]，受給資格者には積極的な求職活動が課せられている。この「意思」要件は認定を行う HW 側の主観的判断が入り込みやすい要素だけに，

---

3) 西村健一郎『社会保障法』（有斐閣，2003年）397頁も参照。
4) 『行政手引』の内容は，すべてが公にされているわけではないが，その大要は，(財)労務行政研究所編『新版雇用保険法（コンメンタール）』（労務行政，2004年）で把握することができる。
5) 籾井常喜編著『社会保障法』（エイデル研究所，1991年）165頁以下［水野勝執筆］，清正寛=良永彌太郎編著『論点社会保障法［第3版］』（中央経済社，2003年）173頁以下［山田耕三執筆］参照。
6) 残る要件は「離職」（雇保法4条2項）である。行政当局はこれを，非任意的な事由（解雇）だけでなく，契約期間満了や任意退職など，使用者との雇用関係が終了した場合すべてを指すと解している。前掲註5)書313頁参照。
7) 前掲註5)書316頁。

当該認定が不当に狭められないような失業者に対する保護の必要性や，近年の国際的動向等に鑑みると，HWへの求職申込みをもって労働の「意思」が推定されると解すべきである。イ）労働の「能力」は，「労働（雇用労働）に従事し，その対価を得て自己の生活に資し得る精神的，肉体的並びに環境上の能力」とされ，労働能力がないと推定される者が大きく3つに類型化されている[8]。しかし，労働能力は，従事する仕事の内容や就業場所等，諸条件を踏まえた上でなければ判断できないはずであり，上記のように類型化すれば，「能力」要件の充足如何が抑制的に判断されるおそれがある。ウ）「職業に就くことができない状態」は，「公共職業安定所が受給資格者の求職申込みに応じて最大の努力をしたが就職させることができず，また本人の努力によっても就職できない状態」であり，さらに「就職」については，「雇用関係に入るものはもちろん，請負，委任により常時労務を提供する地位にある場合，自営業を開始した場合等といい，現実の収入の有無を問わない」とされる[9]。この「就職」に関して「現実の収入の有無を問わない」と解することは，求職者給付が失業による所得喪失を保障することとの関係では厳格に過ぎ，少なくとも，就労による収入の取得が予定されている場合と捉えるべきである[10]，と。

また，上記③給付制限事由では，エ）職業紹介等拒否（雇保法32条），オ）重責解雇（被保険者（雇保法4条1項）の重大な帰責事由による解雇）（同法33条1項本文），カ）正当理由のない自己都合退職（同文）が批判の対象となっている[11]。す

---

8) 前掲註5)書318頁。その3類型とは，「老齢，疾病，負傷又は産前産後等本人に固有な精神的，肉体的諸原因により通常のいかなる職業にも就くことができない（適職なし）と認められる者であって，公共職業訓練等を行う施設（……）にも入校（所）させることができない者」「［労災］保険法の規定による休業補償給付その他これに相当する給付の支給を受けている者」「家事，家業又は学業等の都合により他の職業に就き得ない状態にある者」である。

9) 前掲註5)書319—20頁。

10) ウ）の部分については，清正寛「会社の代表取締役就任と『職業に就くこと』」佐藤進=西原道雄=西村健一郎編『社会保障判例百選［第2版］』（有斐閣，1991年）160頁（とくに161頁）も参照。

11) この議論状況をまとめた近時の業績として，細谷越史「『失業給付の支給制限』に関する一考察」賃金と社会保障（2001年）1293号30頁（とくに34頁以下）参照。③給付制限事由に関する批判については，前掲註6)の2文献のほか，籾井常喜『労働法実務大系18　社会保障法』（総合労働研究所，1972年）240頁以下も参照。

シンポジウム（報告⑤）

なわち，オ）については，対使用者との関係で非難されるべき事項を求職者給付の給付制限事由として掲げることに論理の飛躍があること等に照らすと，当該条文自体を削除すべきである。エ）カ）に関しては，「労働権（憲法27条1項）には，適職選択権あるいは適職訓練受講権（労働者が職業紹介や職業訓練等を利用して自発的に自らが好む適職を選択し，あるいは，よりよい労働条件の職に移動する権利）が含まれる」との観点から，そこで設定されている詳細な基準の中に，上記適職選択権を侵害・制約するものがある，と。

他方，判例は，失業認定手続き上の論点が争われた事案に関する限り，当該法令の関連条文や『行政手引』上の基準に対して，違憲・違法との評価をこれまで全く下していない。

2 新たな論点

上述した学説の主旨には概ね賛同できるが，『行政手引』が失業認定手続きに関して定める基準には，従来さほど関心を払われてこなかった問題点が存在すると筆者は捉えている。

(1) 受給を阻まれる失業者層の存在

その1つは，現行制度上，ある特定の属性を有する者が，たとえ被保険者（雇保法4条1項）として基本手当の受給資格に必要な期間（離職前2年間のうち通算被保険者期間12箇月以上（同法13条1項））雇用保険料を支払ったとしても，当該属性ゆえに，求職者給付を原則的に受給できない点である。具体的には，

---

12) この見解については，清正寛「失業給付の法的構造」深山喜一郎刊行代表『現代の生存権』（法律文化社，1986年）317頁（とくに331頁）参照。

13) その代表的見解として，松林和夫「職業訓練と労働権・教育権」大月書店編集部編『現代の労働組合運動 第6集 今日の教育改革・職業訓練』（大月書店，1976年）108頁以下参照。

14) 雇保法4条3項にいう「失業」概念に関連して，労働の「意思」がないと推定される基準「職業指導を行ったにもかかわらず，公共職業安定所が不適当と認める職業又は不当と認める労働条件その他の求職条件の希望を固執する者」が争点となった下市職安所長事件・大阪高判昭57・8・9労判392号カード11頁，「職業に就くこと」の意義が争点となった岡山職安所長事件・広島高岡山支判昭63・10・13労判528号25頁，給付制限事由である「正当理由のない自己都合退職」該当性が争われた新宿職安所長（京王交通）事件・東京地判平4・11・20労判620号50頁等がある。

①昼間学生と②自営・起業する，あるいは，その準備行為を行う者（以下，自営・起業（希望）者）をひとまず指摘できる。

前者①昼間学生については，雇保法4条3項にいう「失業」概念の第3要件である労働の「能力」が「一応……ないものと推定される」との基準がある[15]。これにより，昼間学校へ入学した離職者は，他の要件を満たしても，上記要件に欠けることを理由に原則として「失業」とは認定されず，求職者給付を受給することができない[16]。しかしながら，解雇されたためやむを得ず，あるいは，一念発起して新たな人生を切り拓くために，離職者が国家資格の取得あるいは技能検定・公務員試験合格を目指して何らかの昼間学校に入学する例は，しばしば耳にする。医師・理（美）容師・法曹資格など，国家資格の中には，特定の学校を卒業・修了しなければ受験資格さえ認められないものもあり，これらに挑戦するため当該学校へ入学する離職者も一定数存在すると思われる。このような場合の離職者は，将来に向けた明確な「就職」意識の下に，その労働「能力」の獲得・向上を図りながら，失業状態から脱するために努力していると評価し，受給資格者が管轄公共職業安定所長の指示により公共職業訓練を受ける場合に準じて取り扱われるべきではないか[17]。

後者②自営・起業（希望）者に関連して，『行政手引』は，「失業」概念の第4要件にいう「職業に就く」こと（＝就職）を，先に見たように「雇用関係に入るものはもちろん，……自営業を開始した場合等」とし（Ⅱ1ウ），判例も，こうした解釈を受容する[18]。これを敷衍すれば，雇用労働への求職活動であれ，非雇用労働である自営・起業に向けた準備行為であれ，いずれも失業状態から脱するための行為・活動として，同じ価値を有していなければならない。にもかかわらず，『行政手引』は，「失業」概念の第2要件である労働の「意思」と

---

15) 前掲註5）書319頁。
16) 籾井・前掲註12)書221頁は，これを批判して，「[学生として]の生活環境と両立しうる職業（たとえば夜間学生に関わっては昼間勤務の職業，昼間学生にかかわっては夜間勤務の職業のごとく）との関連では労働の能力があるものというべき」と説く。
17) このとき，受給資格者は，基本手当（雇保法15条）や技能修得手当（同法36条）等を受給できる。
18) 前掲註15)岡山職安所長事件および別府職安所長事件・大分地判昭36・9・29労民集12巻5号905頁参照。

の関係で,「……自営……等の非雇用労働へ就くことのみを希望している者」を「労働の意思を有する者として扱うことはできない」と規定する[19]。この定め方からすると,労働の「能力」がないと「一応……推定される」,いいかえれば,それへの反証が想定されている①昼間学生とは根本的に異なり,自営・起業(希望)者には,労働の「意思」がないことへの反証の余地さえ認められない。つまり,自営・起業(希望)者は,第2要件である労働の「意思」が欠けることを理由に,例外なく「失業」とは認定されず,求職者給付を受給できる可能性を完全に否定されているのである。

しかも,①②の求職者給付の受給を阻む上記基準は,失業認定時だけではなく,それに先立つ受給資格決定の際も同様に機能するようである[20]。これは,①②がともに,そもそも受給資格者にさえ該当しないとの結果をもたらしかねない。

(2) 失業認定・給付制限のあり方の変遷

失業者が求職者給付を受給するために失業認定や給付制限という手続きを経る仕組みは,失業保険法(昭和22年12月1日法律第146号。以下,失保法)制定当初からすでに設定され,雇保法(昭和49年12月28日法律第116号)制定後も,当該仕組みの構造自体は引き継がれたものの,その法令上の基準や『行政手引』の内容については,改正・変更が積み重ねられてきた。その特徴を端的に表現すれば,受給者にとっての「厳格化」であったといえよう。

失業認定では,その認定日の間隔について,失保法制定当初1週間毎であったものが(24条本文[21]),2週間毎への法改正(1969年)等を経て,雇保法制定時には4週間毎まで延長されたこと(現15条3項[22])をまず看取できるが,前述の

---

19) 前掲註5)書317頁。
20) 2007年5月16日と9月27日にHW熊本,同年5月29日にHW福岡西を訪れ,業務の実際を見学するとともに,担当職員の方にインタビューを行った。その際,提供を受けた資料に,受給資格決定の際に用いる「雇用保険受給手続きに関する確認書」(A4判1枚のプリント)がある。当該書面には,離職者に対する複数の質問の中に「すでに就職が内定(自営準備を含む)していますか。」「各種学校等に在学中か,または入学予定がありますか。」とある。

なお,以下の記述では,これらのインタビューで得た情報も活用していることを,ここに予めお断りしておく。

厳格化という特徴が顕著に表れたのは，求職者に対する求職活動努力義務規定（10条の2）が挿入された直近の2003年法改正と，それに先立つ『行政手引』の変更（平14・9・2職発0902001号（平成14年9月20日施行））である。とくに，後者の『行政手引』変更では，上記義務規定の挿入を先取りして，「失業」概念の第2要件である労働の「意思」を慎重に判断するとされ，「通常自己のできる限りの努力で職業を探し求めている（求職活動を行っている）」かという観点から，失業認定時にHWが受給資格者に提出を求める『失業認定申告書』（雇保則様式第14号）に記載する「求職活動実績」欄に2回以上という数量規制が課され，受給資格者による求職活動内容が細かに確認されるようになった（雇保則28条の2第1項）。

　こうした改正・変更前後の統計を見ると，2002年度（受給者実人員：1046千人）から2003年度（同：839千人）にかけて，基本手当受給者数が約20％・21万人ほど減少している。当時の年度平均完全失業率（2002年度：5.4％，2003年度：5.1％）や有効求人倍率（2002年度：0.56倍，2003年度：0.69倍）がそれほど大きく改善されているわけではないことに徴すれば，変更前の『行政手引』に従って基本手当を受給された者が，当該変更によって同手当を受給できなくなった可能性，いいかえると，本来，求職者給付を必要とする者にそれが行き渡らなくなった可能性を否定できない。

---

21) 前掲註5)書53頁以下のほか，不破寛昭『失業保険法・失業手当法　解説と手続［再版］』（泰流社，1948年）139頁以下［復刻版］（菅沼隆監修『日本社会保障基本文献集　第Ⅱ期被占領下の社会保障構想　第14巻』（日本図書センター，2007年））も参照。
22) 前掲註5)書71頁のほか，2006年3月3日開催第23回労働政策審議会職業安定分科会雇用保険部会配付資料2「雇用保険基本問題研究会『雇用保険制度の在り方に係る議論の整理』(2006年2月)」58頁「失業の認定回数の変遷」(http://www.mhlw.go.jp/shingi/2006/03/dl/s0303-5b28.pdf)参照。
23) これを論じたものに，藤原稔弘「雇用保険法制の再検討」日本労働法学会誌103号（2004年）52頁（とくに67頁以下）等がある。
24) 前掲23)資料67頁「一般求職者給付の支給状況」(http://www.mhlw.go.jp/shingi/2006/03/dl/s0303-5b33.pdf)参照。
25) 2003年4月25日総務省統計局公表「労働力調査（平成14年度平均）結果」第1表参照。
26) 2004年4月30日総務省統計局公表「労働力調査（平成15年度平均）結果」第1表参照。
27) 2008年1月29日厚労省発表「一般職業紹介状況（平成19年12月分及び平成19年分）について」第4表参照。

他方，給付制限では，失保法上，その事由として「職業紹介・職業指導拒否」（21条本文）および「重責解雇・やむをえない事由のない自己都合退職」（22条）の2類型が設けられ，前者については制限期間1箇月，後者のそれについては1ないし2箇月間とされていた。対して，現行制度をほぼ形作った1984年雇保法改正時には，職業紹介拒否の制限期間が1箇月（現32条1項本文），職業指導拒否のそれが1箇月以内（『行政手引』上は原則2週間）（現32条2項），重責解雇および正当理由のない自己都合退職の制限期間が1箇月以上3箇月以内（『行政手引』上は原則3箇月）（現33条1項本文）となっている。この内容は，1947年失保法制定当初とはもちろん，1974年雇保法制定時と比べても，法律および『行政手引』上における基準のいずれも，受給者が求職者給付をすぐには手にできない制限期間を延長するものであった。[28]

　なお，原則一律に行われる現在の給付制限処分，とりわけ雇保法33条に基づく当該処分のあり方につき，それを担当するHW職員も組織する全労働省労働組合は，次のように主張している。すなわち，同法の目的規定（1条）「労働者が失業した場合……に必要な給付を行う……ことにより，労働者の生活及び雇用の安定を図る」ことに反しており，生存権（憲法25条）や職業選択の自由（同22条）を脅かす，と。[29]

3　小　　括

　法律上の「失業」概念は，失業保険法制定から今日に至るまで，全く変更されない一方で，実務が用いる『行政手引』は，前掲2002年変更がその一端であるが，その時々の雇用情勢等の影響を受け，「失業」状態を判定する基準の内容を変化させてきた。

　確かに，当該基準が判例によって違憲・違法と判断されたことはこれまでな

---

28)　前掲註5）書107―8頁参照。
29)　全労働省労働組合・中央行政研究推進委員会「第22回労働行政研究活動　中央行政研究レポート『セーフティネットとしての雇用保険制度』【職安職域】（その3）」5（2）（http://www.zenrodo.com/zen_t/zen_t_gyo/005_1_2_04.html）参照。なお，同組合は，雇保法33条の給付制限については，まず『行政手引』による運用上の制限を1箇月とし，最終的には法改正を経て撤廃すべきとも主張する。

いが，以上で指摘してきた諸点に鑑みれば，それが求職者給付を受給させるべき，あるいは必要とする失業者層をうまく取り込んだ内容であるとはいえないと評価しうる。従来の学説からの批判も踏まえ，より合理的な基準の作成が望まれる。

また，給付制限事由の中でも，自己都合退職（雇保法33条1項本文）の場合，受給資格者の置かれた状況は様々である。にもかかわらず，それを全く考慮しないまま，一律に，その上3箇月という比較的長期の制限を課す現行制度は，その目的である「濫給防止」[30]，その効果としての「安易な離職の防止」[31]への貢献が認められないわけではないが，HWが果たすべき「速やかなる再就職」に対する阻害要因になっていないか，との疑念も払拭できない。翻って，失保法は，大量の失業者が溢れた第2次世界大戦終結直後の混乱期に制定されながら，給付制限については，「[『行政手引』が定めた]期間も一応の基準であって，個々の事例についてそれぞれ具体的に定めなければならないことは，いうまでもない」と理解されていた[32]。

それゆえに，とりわけ雇用保険法33条に関しては，その文言の「1箇月以上3箇月以内」との定めに立ち返り，個々の受給資格者の事情を取り込んだ，より柔軟な運用が目指されるべきであろう。

Ⅲ　職業紹介——具体的な雇用・職の提供

1　HWの職業紹介事業をめぐる現状

HWは，窓口において対面で行う核としての職業紹介事業のほか[33]，それに関連して，求人企業との関わりの中で行う法令周知活動，事業所の訪問による

---

30)　前掲註5）書108頁参照。
31)　前掲註5）書150頁，濱口桂一郎『労働法政策』（ミネルヴァ書房，2004年）107頁等参照。
32)　亀井光『改正失業保険法の解説』（日本労働通信社，1949年）221頁［復刻版］（菅沼隆監修『日本社会保障基本文献集　第Ⅱ期被占領下の社会保障構想　第15巻』（日本図書センター，2007年））。
33)　その業務の具体的な流れを図示したものに，（社）全国民営職業紹介事業協会編『職業紹介読本』（全国民営職業紹介事業協会〔発売：雇用問題研究会〕，2006年）318－9頁がある。

シンポジウム（報告⑤）

【表1】

	2005年度		2006年度	
	開始者数	常用雇用率	開始者数	常用雇用率
①	4,068	73.5%	4,364	75.7%
②	50,722	80.0%	48,282	79.6%
③				
④				
⑤	5,954	82.0%	6,826	83.0%
⑥	323	68.6%	327	71.7%
⑦	117	59.6%	104	72.5%

③はデータ提供なし，④は法改正で設けられた新範疇のためデータなし
【常用雇用率】＝【常用雇用移行者数】÷【トライアル雇用終了者数】×100

求人開拓，（再）就職支援の専門家を配置して行う求職者との相談や，履歴書の作成指導や模擬面接を行う各種セミナー等，様々な事業を展開している。全国591箇所（2006年4月1日現在）のHWに配置される職員数は正規12164名のほかに非常勤11311名（2005年度現在），同年度の関係予算規模は約1900億円であった[34]。

同じ年度の実績を見ると，新規求職申込件数が約676万件，新規求人数が約1008万人，就職件数は約214万人で，就職率は31.6％となっている[35]。また，厚労省「平成17年雇用動向調査」によれば，HWが就職経路に占める割合は21.2％であるのに対し，民間職業紹介事業者のそれは，わずか1.3％に留まる[36][37]。

---

34) 前掲註3）資料3―8頁参照。なお，新聞報道によれば（日経新聞2008年2月26日午前7時ネット配信記事），2007年度末現在，HWは576箇所であって，厚労省は2008年度中にさらに26箇所を廃止する予定という。
35) 前掲註3）資料1頁参照。
36) 2005年度現在，11028事業所（有料：10375，無料：653）である。2006年12月28日厚労省発表「平成17年度職業紹介事業報告の集計結果について」参照。
37) 2007年第7回経済財政諮問会議（4月6日開催）柳澤臨時議員提出資料・参考資料「ハローワークについて」（http://www.keizai-shimon.go.jp/minutes/2007/0406/item8.pdf）10頁参照。

2　職業紹介の新たな型──トライアル雇用

HWは,「トライアル雇用」と呼ばれる新しい型の職業紹介にも現在取り組んでいる。これは,「公共職業安定所長が安定した職業に就くことが著しく困難であると認めた」者,具体的には,①45歳以上65歳未満の中高年齢者,②35歳未満の若年者,③日雇労働者,④季節労働者,⑤障害者,⑥母子家庭の母等,⑦路上生活者を試行的に雇用した事業主に対して,原則3箇月間「試行雇用奨励金」(月額1人あたり4万円)を支給する制度である。[39]

その特徴は,従来の職業紹介が窓口における「待ち」のそれであったのに対し,求職者の状況と求人企業の希望を勘案しながら,HWが積極的に関わって実施する職業紹介である点に見出されるという。

2005年度および2006年度の実績(データ提供元：HW)は,【表1】の通りであって少なくともデータを得られた各「就業困難者」群の常用雇用率の高さに注目すべきである。

3　規制緩和とHW──課せられた市場化テスト

上述のようなHWにおける業務内容・その実施態勢,あるいは,業務遂行のあり方に対しては,政府が推進する「規制改革」の観点から,この間,様々な検討が加えられてきた。その具体的な現れの1つが,官の事業を民間企業に試験的に行わせる,いわゆる「市場化テスト」である。HWが行う事業に対して実施された当該テストは,①すでに実施済のものが6件(ア：構造改革特別区域法(平成14年12月18日法律第189号)に基づく「あだちワークセンター」(官民共同の職業紹介窓口)の設置(2003年6月〜2006年3月),イ：若年版キャリア交流プラザ事業(2005年6月〜2006年5月,2006年6月〜2007年5月),ウ：長期失業者の就職支援事業(2004年度以降継続),エ：求人開拓事業(2005年度以降継続),オ：キャリア交

---

38)　障害者に対しては,このトライアル雇用だけでなく,職業紹介事業全体において配慮が必要とされるが(職安法22条,同法施行規則16条等),本稿は,この点について深められなかった。今後も調査・研究を進め,他日を期したい。

39)　当該奨励金の財源は,②のうちの無業者(いわゆるニート)と⑤⑥⑦に対しては一般会計,その他の者へは雇用安定事業(雇保法62条1項5号,雇保則110条の3)によって担保される。前掲註5)書835—6頁参照。

シンポジウム（報告⑤）

流プラザ事業（2005年6月～2006年5月，2007年度以降3年間）），②現在実施中のものが4件（ウ～オの継続実施分，カ：人材銀行事業（2007年度以降3年間）[40]），③これから実施予定のものが1件（キ：HWにおける官民共同窓口による無料職業紹介事業）である[41]。

実施予定であるキを除くテストの結果については，すでにその一部が公表されており[42]，それらを鳥瞰する限り，現時点では，民間企業に比してHWの方が総じて優れた成績を収めている状況である。

4　具体的な雇用・職への橋渡し策——公共職業訓練の現状と新たな試み

「HWが再就職支援に果たす役割」を探るという本稿の主題からすれば，ここで公共職業訓練にも触れておく必要があろう。なぜなら，HWが提供する具体的な雇用・職と失業者（離職者）の労働能力とがうまく適合しない場合が疑いなく存在し，公共職業訓練は，失業者に労働能力を向上させる機会を与え，こうした不適合を解消する手段として，これまで活用されてきており，しかも，その実務上の受付窓口はHWであって（職安法19条も参照），かつ，法律上，HWと公共職業訓練実施機関である公共職業能力開発施設（職業能力開発促進法（以下，職開法）15条の6第3項）との連携が謳われているからである（職安法24

---

40)　ア～カの各事業内容やそれに対するテストのあり方等については，後掲註42)に掲げた各テスト結果に関する報告書等を参照のこと。

41)　当該テスト案については，2007年第12回経済財政諮問会議（5月9日開催）柳澤臨時議員提出資料「ハローワークについて」(http : //www. keizai-shimon. go. jp/minutes/2007/0509/item6. pdf) 参照。

42)　アについては2006年6月14日付け総務省行政評価局「規制の特例措置の実施状況に関する調査（構造改革特別区域推進本部評価委員会依頼調査）結果報告書」特例措置調査結果(903) (http : //www. soumu. go. jp/s-news/2004/pdf/903. pdf) および厚労省職業安定局首席職業指導官室職業紹介係「あだちワークセンター（官民共同窓口）における職業紹介事業の実施状況」(http : //www. mhlw. go. jp/bunya/koyou/other04/pdf/data. pdf)，ウについては2006年3月10日付け厚労省職業安定局主席職業指導官室「民間委託による長期失業者の就職支援事業の実施結果の概要について」(http : //www. mhlw. go. jp/topics/2006/03/dl/tp0302-2a. pdf)，上記以外のテストについては2007年6月1日厚労省発表「平成17年度市場化テストモデル事業（キャリア交流プラザ事業，若年版キャリア交流プラザ事業及び求人開拓事業）に係る実績評価について」，同年11月26日厚労省発表「求人開拓事業（平成18年度市場化テストモデル事業）に係る実績評価について」をそれぞれ参照。

【表2】

	機構		都道府県		合計	
	受講者数	就職率	受講者数	就職率	受講者数	就職率
施設内	39,842	79.9%	14,959	73.1%	54,801	78.0%
委託	104,721	66.0%	27,571	61.7%	132,292	65.1%
合計	144,563		42,530		187,093	

条，職開法23条3項）。

(1) 公共職業訓練の現状

　公共職業訓練の実施主体は，原則として国（実際には，独立行政法人雇用・能力開発機構（以下，機構））または都道府県とされている（職開法16条，同機構法（平成14年12月13日法律第170号）11条1項7号）。2005年4月1日現在，それらが設置する公共職業能力開発施設数は288であって（1市立校と障害者対象19校を含む）[43]，法は，その利用対象を雇用保険受給資格者にほぼ限定し，訓練費用を無料とする（職開法23条1項）。

　同年度における離職者訓練の実績は，【表2】の通りである[44]。なお，「受講者数」欄のデータを見れば明らかなように，現在，離職者訓練プログラムの多くは，機構や都道府県から委託を受けた民間の教育機関が提供している。

　注目すべきは，職業訓練受講者の高い就職率である。公共職業訓練が失業者と具体的な雇用・職とを結合させる機能を大いに発揮しているといえる。

---

43) 2005年7月20日開催第19回労働政策審議会職業能力開発分科会配布資料4「職業能力開発の現況等について」（http://www.mhlw.go.jp/shingi/2005/07/dl/s0720-12d1.pdf）の中の「公共職業能力開発施設の種類」のほか，（独）労働政策研究・研修機構編『プロジェクト研究シリーズNo.6 日本の職業能力開発と教育訓練基盤の整備』（（独）労働政策研究・研修機構〔発売：広報部成果普及課〕，2007年）226頁も参照。

44) 2007年3月28日開催第36回労働政策審議会職業能力開発分科会配付資料3－3「平成17年度公共職業訓練実施状況」（http://www.mhlw.go.jp/shingi/2007/03/dl/s0328-9i.pdf）参照。なお，当該訓練コースの分類やその分野別構成等については，前掲註43)書228頁以下を参照。

(2) 新たな試み：日本版デュアルシステム等

新規学卒者の早期離職やいわゆるニート等，若年者に関する最近の深刻な雇用状況を受け止めて，職業紹介事業における「トライアル雇用」と同様（Ⅲ2），公共職業訓練の領域でも2004年度に「日本版デュアルシステム」という新たな型が生み出された。[45]

その特徴としては，①「座学」中心の従前の公共職業訓練を，「座学」と企業の現場における「実習」とを組み合わせたプログラムに変化させ，②一定の限界は設けつつも，当該プログラムの対象者を「概ね35歳未満の若年求職者」と設定したように，雇用保険受給資格者ではない者にまで門戸を広げた点が挙げられよう。同年度実績における比較的高い就職率（委託訓練活用型：68.4％，公共職業能力開発施設利用型：81.3％）を見ると，このプログラムも，ひとまず成功していると評価してよい。

なお現在，政府（厚労省）は，こうした「座学」と「実習」を組み合わせた公共職業訓練プログラムの多様化や，その対象者を上記若年者だけでなく，「フリーター，子育て終了後の女性や母子家庭の母親等，これまで職業能力形成の機会に恵まれなかった」者へ拡大すること等を内容とする「ジョブ・カード」制度の2008年度本格実施を準備している模様である。[46]

5 小　括

(1) 職業紹介

政府が推進する「規制改革」の趣旨，すなわち，HWの事業・組織のあり方等を民間企業の知見や手法を用いて改善すべきとの方向性は理解できるものの，HWが就職経路に占める割合の現状（Ⅲ1）やトライアル雇用の実績（Ⅲ2），さらには市場化テストの結果（Ⅲ3）からすれば，少なくとも現時点で，HWの民間委託や民営化が最善の解決策であるとの結論は導き出せない。

---

45) 当該制度の詳細やそれに対する評価は，2005年11月29日厚労省発表「『日本版デュアルシステムの今後の在り方についての研究会』報告書について」（http://www.mhlw.go.jp/houdou/2005/11/h1129-3.html）参照。
46) 詳細は，2007年12月19日付け「『ジョブ・カード構想委員会』最終報告」（http://www.kantei.go.jp/jp/singi/seichou2/job/saisyu/pdf/siryou4.pdf）等参照。

また，厚労省は，HW 利用者の核が離職者であり，対する民間職業紹介利用者が在職者中心であること等を表すデータを根拠に，現在の HW と民間職業紹介事業者とは，そもそも棲み分けされているという。[47]

　以上から，HW による職業紹介をなお国営として維持し，民間事業者と共存させる（または，せざるを得ない）ことを前提とした上で，HW が「速やかなる再就職」に向けてより大きな役割を果たそうとするならば，その手法とは，棲み分けられた民間事業者との協働・連携であろうと筆者は考える。例えば，個人情報保護や求人企業との信頼関係等に留意しながら，HW と民間事業者との求人情報ネットワークを相互に連結させることは可能ではないか。

　このような官と民との直接的な協働・連携がひとまず困難だとしても，地方公共団体（都道府県・市町村）が触媒となって，HW と民間事業者とを結びつけることも考えられる。東京都が中心となって2004年7月に設置された「東京しごとセンター」は実際の先行例として指摘できよう。[48] 新聞報道によれば（産経新聞2007年8月15日午前7時50分ネット配信記事），同センターの実績は HW を上回る39.8％の就職率（新規登録者：51244名，就職者：20443名（当時））を記録したという。

　(2)　公共職業訓練

　すでに見た通り，公共職業訓練は失業者を具体的な雇用・職に繋げることに大きく貢献している一方，失業者の最大関心の1つが「速やかなる再就職」である以上，筆者は，原則的として雇用保険受給資格者に限定されている現行の当該訓練受講資格の門戸をより広げることをまず提案する。

　また，本稿の主題「HW が再就職支援に果たす役割」如何という観点からは，HW と公共職業能力開発施設とのさらなる協働・連携，具体的には，訓練プログラムの共同開発が行われるべきである。[49] なぜなら，公共職業訓練に対

---

47)　前掲註3)資料25頁以下参照。
48)　東京しごとセンターの HP（http://www.tokyoshigoto.jp/shisetsu.php）には，「東京しごと財団，民間の就職支援会社，ハローワークが一体となって，求職者のニーズに即した特徴あるサービスを提供しています」との説明がある。
49)　インタビューによれば，HW と機構の地方出先機関との間では，年に数回，訓練プログラム等に関して，アンケートや意見交換の機会が設けられるものの，その最終決定は，

する失業者の期待や意見，他方，求職者の労働能力に対する求人企業の希望等，双方の立場を最も把握しているHWの意向を十分に取り込んだ訓練プログラムを構築することが，限られた予算を無駄にすることなく，受講者の満足度を上げ，ひいては，より高い就職率の達成に寄与すると推測できるからである。

Ⅳ　おわりに──HWの再就職支援をめぐる2つのキーワード

これまで述べてきたところから，HWが再就職支援に果たす役割にとって，2つの重要なキーワードが浮かび上がってくる。すなわち，それはProfiling（個々人の情報集積とそれに基づく適切な施策の実行）とCooperating（協働・連携）である。

HWでは目下，一連の失業認定手続きにおいてはもちろん，当該手続きと密接に結びついている職業紹介・職業相談の際にも（雇保則28条の2第2項），職員が担当する失業者・求職者とできる限り細やかな意思疎通を心がけ，その中で得られる情報を各人ごとにコンピューター等に記録し，そうした情報の蓄積ゆえに，より適切で有効な職業紹介や公共職業訓練の受講指示，あるいは，セミナーや相談事業への案内が可能になっているという。このようなProfilingに関しては，OECD（経済協力開発機構）でも「individual action plan」という観点から，積極的に評価する方向性が示されているようである。[51]

また，筆者は，将来のあるべき姿として，職業紹介におけるHWと民間事業者，さらには，公共職業訓練におけるHWと公共職業能力開発施設とのCooperatingを論じた（Ⅲ5）。他方，近時の実務では，就職に結びつきにくい求職者をめぐり複数部署の担当職員間で相談し合う事例がある等，従来あまり

　機構中央でなされるという。むしろ，予算執行と訓練プログラム決定権限を各地方に下ろし，HWと機構の地方出先機関との綿密な議論の下で当該プログラムの整備を図ることが合理的と考える。

50）　平18・4・10職保発0410001号・職首発0410004号では，例えば，失業認定後に職業相談部門へ誘導する等，受給資格者に対する職業相談を的確に実施すること，平19・2・1職保発0201001号・職首発0201001号では，初回の失業認定日には必ず全員に対して職業相談を実施することが指示されている。前掲註3）資料2頁のチャートも参照。

51）　この点については，本誌に掲載された矢野昌浩会員の論文（80頁以下）を参照されたい。

なかったHW内部組織間でのCooperatingが見られるとも聞く。[52]

　なお，ドイツでは，近年の法改正により，雇用対策を担う連邦の関連機関と福祉を担う自治体とが，人的にも組織的にも協同する組織（Arbeitsgemeinschaft）を形成し，当該組織が新たな失業手当（Arbeitslosengeld II）の給付や職業紹介を実施する運営方式が生まれた結果[53]，給付対象者に対する複合的なProfilingが蓄積し，上記両組織間や外部組織とのCooperatingが進んでいるという。[54]

　こうしたドイツの経験との比較が可能になれば，わが国のHWにおけるProfilingやCooperatingのあり方が改良され，それが再就職支援に果たすHWの力量をさらに大きくするに違いない。

（なかうち　さとし）

---

[52]　インタビューによる聞き取りである。もっとも，現在のHWでは，各所毎の「就職率」や「雇用保険受給者の早期就職割合」に数値目標が設けられる等，PDCA（Plan/Do/Check/Act）サイクルと呼ばれる業務改善活動が進行中であり，その影響とも考えられる。HWのサービス改善については，2006年11月10日開催第4回公共サービス改革小委員会厚労省提出資料「ハローワーク業務の市場化テストについて」（http://www5.cao.go.jp/kanmin/kaisai/bukai/service/2006/1110/061110-2-2.pdf）6頁参照。

[53]　いわゆるハルツ委員会報告書に従った改革である。これについては，さしあたり（独）労働政策研究・研修機構編『労働政策研究報告書 No. 69 ドイツにおける労働市場改革』（（独）労働政策研究・研修機構，2006年）8頁以下［野川忍執筆］等参照。

[54]　筆者が2007年1月に実施したドイツ現地調査の際に訪れた複数の当該協同組織におけるインタビューによる。ProfilingとCooperatingという言葉が繰り返し説明に用いられていたことがなお記憶に新しい。

雇用社会のリスク社会化とセーフティネット

矢 野 昌 浩
(琉球大学)

I　はじめに

1　問題の所在

　近年，雇用社会と法に関するビジョンが，各国で活発に議論されている。日本での議論の一端は，いわゆる構造改革に関する諸々の政策文書の中に窺うことができる。たとえば，2001年6月に閣議決定された「今後の経済財政運営及び経済社会の構造改革に関する基本方針」は，現在の構造改革の起点に位置する文書とされる。そこでは，「労働市場の構造改革」として，労働力の円滑な移動・再配置のために，労働市場の機能強化を行うことが重視され，そのための条件整備を労働法が担うことが期待されていた。

　ここで留意されるのは，労働市場の流動化のための施策と，企業における従来の標準とは異なる就業システムの活用のための施策とが重視され，その両者の重なり合うところに非典型雇用の活用が位置づけられる点である。この間，少子化対策など，新たに重要視されるようになった課題もあるが，このような雇用の流動化と，就業システムのいわば脱標準化にかかわる施策は，労働法改革の重要課題として，一貫して追求されてきたといえる。

　これに対応して，現実に進行したのは，雇用・就業形態の多様化・非典型化である。2007年の労働経済白書によれば，非正規従業員の比率は，2006年で33.2％に上り，20年前の2倍となっている。また，OECDの近年の分析では，日本における市場所得格差の拡大の主要因が，非正規雇用の拡大にあるとされ，労働市場の二重構造の緩和が，政策的課題として指摘されている[1]。こうして，雇用の非典型化を通じた貧困が，現実的な問題となりつつある。

2　課題の設定と限定

　本稿のタイトルに挙げた「リスク社会」という概念には，さまざまな議論や意味合いがある。ここでは，リスクの生産と分配という側面から現代社会を捉え，リスクの生産と分配との間の不均衡・不公正を問題にする視点として理解しておきたい。リスクの原因者とリスクを被る者とが一致しないこと，リスクが個人によって引き受けられ，私事化する傾向にあること，リスク分散のための従来の仕組みが，状況の変化により機能不全や逆機能に陥っていることなどが，その具体例として挙げられる。ここで問題とされるリスクは，人間の行為とは無関係な自然的リスクではなく，誰か（それは個人であったり集団であったりする）が何かを行った場合に，その行為にともなって起こる危険であり，そのような意味での人為的リスク（manufactured risk）ということになる。[2]

　失業は，一方で，他の社会保険の保険事故と同様に，避けがたい不慮の出来事として自然的リスクとしての側面をもつ。しかし，他方で，景気変動や産業構造の変化などによってもたらされる点で，人為的リスクとしての側面も有する。近年の雇用の流動化策は，この後者の側面を強める方向で機能しているといえる。また，雇用の非典型化は，失業というリスクを企業における就業システムの中に統合するという意味で，雇用の部分化であると同時に，失業の部分化であり，雇用と失業の二分法では捉えられない新しいタイプの人為的リスクを，労働者にもたらしていると解される。

　別の見方をすれば，雇用の流動化・非典型化は，失業と貧困のリスクの普遍化をもたらすとともに，それへの対応力が労働市場の中心層か周辺層かで異なるという意味で，リスクの階層化を強化している。さらには，これまでのキャリアなどの相違により，リスクの具体的な現れ方が個々人で異なってくるという点で，その個別化をともなっている。[3]

1）　OECD編（大来洋一監訳）『OECD日本経済白書2007』（中央経済社・2007年）11頁・117頁参照。
2）　今田高俊「リスク社会と再帰的近代——ウルリッヒ・ベックの問題提起」海外社会保障研究138号（2002年）63頁以下，長谷川公一「リスク社会という時代認識」思想963号（2004年）6頁以下，中山竜一「リスク社会における法と自己決定」田中成明編『現代法の展望——自己決定の諸相』（有斐閣・2004年）253頁以下等参照。

このような状況を，本稿では「雇用社会のリスク社会化」の表れとして捉えることとする。本稿では，リスク社会化しつつある雇用社会の「セーフティネット」を再構築するという観点から，就労時の所得保障（income security）にかかわる最低賃金制度と，失業時の所得保障（income maintenance）にかかわる雇用保険制度とを，とりあげることにする。両制度が，現在，どのような機能を果たしているのか。さらに，今後，どのような役割を果たすことが期待されるのか。これらを検討するのが，本稿の目的となる。

セーフティネットという概念も，周知のように，論者により用法が異なり，その内容は曖昧である。これについては，2つの見解が対立している。1つは，市場からの脱落という不運や市場の混乱という例外的事態に備えて，セーフティネットを用意しておけば，あとは市場競争だけで経済運営ができるという見解である。もう1つは，セーフティネットは，市場そのものを維持するために不可欠な安全装置であり，個々人では背負いきれないリスクを，社会全体で分かち合う信頼と協力の制度であるとする見解である[4]。労働市場との関係では，前者のセーフティネット概念は消極的労働市場政策に対応し，後者のそれは積極的労働市場政策をも包含することになる。本稿では後者の用法を採用することにしたい。

3　整理・検討のための基本的視点

以上のような検討を行う上での基本的な視点を，ここで簡単に提示しておきたい。まず，【図1】は，「フレキシキュリティ・トライアングル」（flexicurity triangle）と呼ばれるモデルをもとにしている。これは，デンマークの雇用政策を概念化したモデルであったが，労働市場政策の新しいオルタナティブとして近年注目されている。失業して失業保険などの所得保障を受け，そこからただ

---

3) 宮本太郎「ポスト福祉国家のガバナンス　新しい政治対抗」思想983号（2006年）52頁以下等参照。
4) 石田眞・和田肇「労働と人権――セーフティネット論を中心に」法の科学29号（2000年）40頁以下，三井正信「労働法の新たなパラダイムのための一試論（3）――労働法の新たな理論的諸傾向とセーフティーネット論を検討素材として」広島法学25巻2号（2001年）97頁以下参照。

【図1】 労働権保障の体系

```
              （賃金保障等）
                 雇 用
                ↗   ↖
         ┌ ─ ─ ┘     ┘
   失業保険等 ────→ 再就職支援
 （失業時の所得保障）（積極的労働市場政策）
```

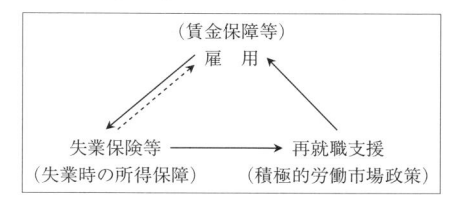

【図2】 移行労働市場

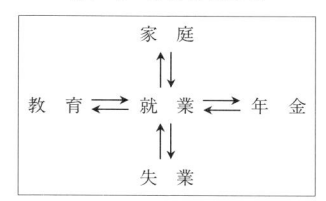

```
            家 庭
             ⇅
  教 育 ⇌ 就 業 ⇌ 年 金
             ⇅
            失 業
```

ちに雇用に戻ることもあるが，多くの場合には，積極的労働市場政策に移行した後に，雇用に復帰することがイメージされている。これは，企業や産業のスクラップ・アンド・ビルドが不可避であることを前提に，労働者にモビリティを保障するための新しい形の雇用保障であるとされる。[5] 本稿では，最低賃金制度（本誌・柳澤論文参照）と雇用保険制度（同・丸谷論文参照）と就労支援策（同・中内論文参照）との，三者間の連関を図示するものとして挙げておく。[6]

つぎに，【図2】は，「移行労働市場」（transitional labour market）と呼ばれるモデルを単純化したものである。就業を中心に，教育，失業等といった異なるステージ間での相互架橋が行われている。従来支配的であった，教育から就業へ，そして年金あるいは家庭へ，という一方向の経路に対するアンチテーゼが示されている。[7] 日本の雇用保険制度における政策的給付（本誌・山下論文参照）は，就業と他のステージとの間の移行を円滑にするとともに，高年齢者雇用継続給付に限られてはいるが，就業時の賃金低下に対する一定の補償を行うもの

---

5) P. K. MADSEN, Security and Flexibility: Friends or Foes? Some Observations from the Case of Denmark, in P. AUER and B. GAZIER (eds.), The Future of Work, Employment and Social Protection, International Institute for Labour Studies, 2002, pp. 49‐62, OECD, Employment Outlook 2004, pp. 97‐98, European Commission, Employment in Europe 2006, p. 12, p. 77.

6) 日本でも，高度経済成長期の積極的労働力政策の展開を背景に，同様の問題提起がされていた。荒木誠之「雇用保障の法的課題」沼田稲次郎編集代表『労働法の解釈理論　有泉亨先生古稀記念』（有斐閣・1976年）519頁参照。

7) G. SCHUMID, Employment Insurance for Managing Critical Transitions during the Life Cycle, in P. AUER and B. GAZIER (eds.), op. cit., pp. 63-82, ギュンター・シュミット（布川日佐史訳）「労働の未来──工業社会から情報社会へ」季刊労働法194号（2000年）17頁以下参照。

として整理することができる。

これらの図で示される基本的なコンセプトは、一方では、失業や貧困といった社会問題の解決策として、雇用（あるいは就業）中心型、または雇用指向型とでも呼ぶべき社会政策を展望しつつ、他方では、現在の仕事での生活の安定と、別のよりよい仕事への移行とを両立させうる仕組みを視野に入れて、日本法の現状を整理・検討する上でも有益であると考える。

II 最低賃金制度と雇用保険制度

1 最低賃金制度
(1) 最低賃金制度と労働市場

最低賃金の引上げは、生産性の低い労働者にとっては、雇用喪失のおそれを高めることが一般に指摘される。これに対して、OECDの"Employment Outlook"の2006年版では、単純な経済理論からすればそのように指摘できるが、多くの分析結果は、最低賃金が雇用に与えるマイナス効果はわずかであるか、まったくないことを示しているとされる[8]。また、その2007年版では、中間賃金に対する最低賃金の割合を高めることは、一方で、使用者にとっては賃金に見合った技能を労働者に身につけさせるために、他方で、スキルの低い労働者にとっては解雇を避けるために、労使双方の教育訓練投資へのインセンティブを高め、スキルの低い労働がスキルの高い労働に置き換えられることを通じて、生産性を全体的に高めるとされる[9]。

これらのことを踏まえると、最低賃金の引上げを、雇用減に直結させるのは一面的な評価であるということになる。むしろ、雇用中心型の社会政策の重要な一環として、最低賃金制度を活用する余地が十分に存在することに、留意する必要があると考える。

---

8) OECD編著（樋口美雄監訳・戎居皆和訳）『世界の労働市場改革・OECD新雇用戦略——雇用の拡大と質の向上，所得の増大をめざして』（明石書店・2007年）119頁以下・267頁参照。
9) OECD, Employment Outlook 2007, p. 57, pp. 72-74.

(2) 日本の最低賃金の現実的機能と課題

　日本の最低賃金の現実的機能については，最低賃金の水準や影響率が低いこと，最低賃金の影響をもっとも受けやすいのは，いわゆるパート労働者であることなどが，広く指摘されている。地域別最低賃金に関する最近の研究では，最低賃金の地域差はパート賃金の地域差に比べて小さいこと，大都市部ではパート賃金の実勢と比較して最低賃金が低く，地方ではパート賃金が最低賃金に近いことなどが，明らかにされている[10]。これは，いわゆる目安制度が，地域別最低賃金の全国的な整合性を図ってきた成果であるといえる。

　しかし，最低賃金の水準が，かりにフルタイムで働いても生活を維持できるものとなっていないことは，確かである。その意味で，日本の最低賃金制度は，それ自体でセーフティネットとしての役割を果たしていたのか，疑問が残る。同制度は，家計補助的労働者を実質的には前提としていたと評価できる。この点で，労働市場の二極化等は，このような労働者像の変化をもたらし，いわば生計維持的労働者を，最低賃金制度の実質的な前提にする必要性を高めてきているといえる。とりわけ，低所得・不安定雇用労働者の生活保障のために，税制や社会保障給付と並んで，最低賃金がそれなりの機能を果たすことが求められる。また，単純な比較はできないとしても，生活保護との関係で，最低賃金を，労働市場への参加を促進する役割を果たすものに変えていく必要がある。

　今回の最低賃金法改正案や，地域別最低賃金改定をめぐる議論状況からすると，従来とは異なり，最低賃金の市場影響力を高めようとする方向に舵が切られた，いわば消極的最低賃金政策から積極的最低賃金政策への転換が行われた，との評価も可能であるかもしれない。今後は，最低賃金制度を，労働市場政策に関する1つのツールとして，他の施策と関連づけながら，積極的に活用していくことが求められるのではないかと考える。

---

10) 安部由起子「地域別最低賃金がパート賃金に与える影響」猪木武徳・大竹文雄編『雇用政策の経済分析』（東京大学出版会・2001年）259頁以下，安部由起子・玉田桂子「最低賃金・生活保護額の地域差に関する考察」日本労働研究雑誌563号（2007年）31頁以下参照。

2 雇用保険制度

(1) 失業給付と労働市場

失業保険等の失業給付の保障水準が，労働市場や経済成長に与える影響については，これもまた，OECD の "Employment Outlook" の2007年版によれば，2通りの分析結果がある[11]。すなわち，一方で，失業給付の削減は，生産性の低下に結びつく傾向にあるとされる。その要因としては，失業給付の削減により，失業者は，十分にマッチングした仕事をみつけるための時間や資源を制約されること，就労インセンティブは高まるが，それはスキルの低い求職者において顕著であり，労働力のスキル構成を悪化させることなどが挙げられている。

他方で，手厚い失業給付は，失業期間の長期化と失業率の上昇をもたらすこと，失業の機会費用を低下させ，労働者の仕事に対するエフォートを低下させることが指摘されている。OECD では，失業給付の雇用に対する消極的な効果は，その生産性に対する積極的な効果で相殺されると整理している。

また，失業給付に比して最低賃金の水準が高い場合には，失業していることの機会費用が高くなるのに対して，失業給付が手厚い場合には，その逆となり，最低賃金の引上げが生産性に及ぼす積極的な効果を減殺するとされる[12]。

失業給付の水準等がマッチングの質を左右すること，また，最低賃金の影響を強く受けるような労働者を前提にした場合，失業給付と最低賃金とのバランスを考慮に入れて，制度設計をする必要があることを，ここでは確認しておきたい。

(2) 日本の雇用保険制度の特徴と課題

日本の雇用保険制度の特徴は，比較的限定された範囲の者に，高い国庫負担率の下で，総合的な給付を行っている点にあるといえる。すなわち，第1に，日本の雇用保険制度は，自らの労働により賃金を得て，生計を立てている労働者が失業した場合の，生活の安定等を図る制度であるとされ，その趣旨にかんがみ，保護の対象とする労働者を一定の者に限っている[13]。第2に，保険料率が

---

11) OECD, op. cit., pp. 57-58, pp. 74-78.
12) Ibid., p. 74.
13) 2006年4月28日の第24回労働政策審議会職業安定分科会雇用保険部会での配布資料

低い一方で，国庫負担率が高いことが挙げられる。ただし，国際比較でみた場合，失業扶助を含めた失業給付全体では，日本の国庫負担率は低くなっている。[14]
第３に，【図２】との関係で言及したように，就業と他のステージとの間の移行を円滑にしたり，就業時の賃金低下に対して一定の場合に補償を行ったりするための給付が発展している。

その反面で，１年以上の長期失業者への求職者給付を原則として想定しておらず，また，国庫負担による失業扶助制度が存在していない。かりに求職者給付の受給期間を１年間に限るとしても，雇用の流動化・非典型化や失業リスクの普遍化という観点からは，雇用保険の被保険者をより包括的なものにするとともに，雇用保険の受給者資格を得られない者や，雇用保険の受給を終了した者に対する扶助的給付を創設することが考えられる。また，産業構造の転換を円滑に進めるという点からも，これらの措置は，後に触れる再就職支援策と相まって，労働市場のマッチングを良質なものにすることが考えられる。[15]

3 小　　括

このように雇用の非典型化・流動化は，最低賃金制度と雇用保険制度の従来のあり方に問題を投げかけている。それは要するに，最低賃金制度は，生計維持的労働者を正面から捉えていないこと，雇用保険制度は，非典型労働者や長期失業者を正面から捉えていない，裏返していえば，生計維持的労働者とされる者の短期的失業を中心に想定していることに，由来するといえる。[16] この課題

↗「適用関係資料」，雇用保険基本問題研究会「雇用保険制度の在り方に係る議論の整理」（2006年２月）２頁等参照。

14) 雇用保険基本問題研究会・前掲注13)文献所収の「財政運営のあり方，雇用保険三事業等関係資料」等参照。

15) この点で，失業時の所得保障としての失業保険・失業扶助は，生活保障だけでなく，労働者の交渉力強化（労働力の安売り・売り急ぎの防止）という趣旨もあるため，理念的には，生活保護よりも給付水準が高くなるものと解される。辻村江太郎『はじめての経済学』（岩波書店・2001年）221頁，樋口美雄『労働経済学』（東洋経済新報社・1996年）160頁等参照。

16) 社会的リスクのマネジメントシステムの「脱家族化」(de-familialization) と「脱商品化」(de-commodification)，すなわち，個人への権利付与 (entitlements) を通じて，家族や市場に依存しないでも個人の経済生活の安定が図れるようにすることが，目指される↗

への対応について，つぎに，視点の整理と簡単な提言を行っておきたい。

Ⅲ 整理と提言

1 総　論

　経済財政諮問会議の労働市場改革専門調査会が，2007年4月に発表した第1次報告では，「目指すべき労働市場の姿」の1つとして，「セーフティーネットが就労機会促進型になっていること」が挙げられていた。そこでは，個人の就業能力の向上を目的とする雇用保険の見直し，中小企業等の生産性向上とセットになった最低賃金の引上げなどが，具体的な課題として提示されていた。

　就労機会促進型のセーフティネットの構築という問題提起自体には，本稿の課題設定からしても異存はない。しかし，労働市場の二極化が進んでいること，同報告が主張するような「正規・非正規の「壁」」等の撤廃を行ったとしても，結果不平等による所得格差が生じ，二極化自体は避けがたいことを前提にすると，労働者は下方流動性にさらされる可能性が高くなる。このため，個々人を社会の標準的な生活から切り離す「社会的排除」（social exclusion）に対抗する，「社会的包摂」（social inclusion）がもう1つの重要な視点になると考える。[17]

　また，積極的労働市場政策は，一方では，雇用を通じてこのような社会的包摂を図ろうとするものであるが，しかし，他方では，それ自体が，諸個人にとっては，エンプロイアビリティ向上への強い同化圧力となり，一定の基準に達しない者を排除するリスクを，内在化させているといえる。[18]

　　べきということになろう。G・エスピン-アンデルセン（渡辺雅男・渡辺景子訳）『ポスト工業経済の社会的基礎――市場・福祉国家・家族の政治経済学』（桜井書店・2000年）75頁・78頁参照。
17)　岩田正美「バスに鍵はかかってしまったか？――現代日本の貧困と福祉政策の矛盾」思想983号（2006年）139頁以下，樋口明彦「現代社会における社会的排除のメカニズム――積極的労働市場政策の内在的ジレンマをめぐって」社会学評論217号（2004年）2頁以下，濱口桂一郎「EUにおける貧困と社会的排除に対する政策」栃本一三郎・連合総合生活開発研究所編『積極的な最低生活保障の確立――国際比較と展望』（第一法規・2006年）237頁以下等参照。
18)　樋口明彦・前掲注17)論文7頁以下参照。

以上のような意味で，労働市場のセーフティネットは，職業的統合だけでなく，社会的包摂という課題にも応えるものであることが求められると考える。

2　最低賃金制度
(1) 整　理
　最低賃金制度の根幹は，労働者に生活できる賃金への権利を付与するとともに，その保障を国の責務とする点にある（本誌・柳澤論文参照）。このような労働者保護の観点からと並んで，近年は，労働市場政策の中で，最低賃金制度が議論されるようになってきている。そこでは，最低賃金の引上げが，【図1】との関係では，雇用からの流失をもたらすという主張と，雇用への流入を促進するという主張とが対立している。

　最低賃金の決め方や水準には，各国の労使関係のあり方や，ミニマム保障についての見方の相違が反映していると考えられるが，雇用中心型の社会政策の重要な一環として，最低賃金制度を活用する余地が十分に存在することを，あらためて確認しておきたい。

(2) 提　言
　一般に，最低賃金額は，国により一方的に決定されるものでもなく，労使の自由な交渉のみによって設定されるものでもなく，その中間の多様な方式によって決定されうる。しかし，日本の地域別最低賃金の設定は，団体交渉の補完物としてよりは，公共政策的決定としての色彩が強いものとして，水準とその決定に関する国の責務をより強調したものにすべきであると考える。

　たとえば，最低賃金の政策的な活用が図られる場合には，水準の決定は政治的な争点となりやすいこともあり，可能な限り明瞭なルールに従って行われるのが望ましい。たとえば，フランスでは，毎年7月1日に最低賃金が改定されるが，最低賃金の購買力の年間の増加は，時間当たり平均賃金の購買力の上昇の2分の1を下回ってはならないとされている（労働法典 L.3231-8条）。最近では，最低賃金の額は，時間当たり平均賃金の上昇率からインフレ率を引いた数値（すなわち，購買力の上昇率）の2分の1と，この1年の消費者物価指数の上昇率とを，昨年の最低賃金額に掛けて算出されている。

また，同国では，かつては購買力の上昇率の半分を超える引上げを行うことで，最低賃金は平均賃金の約6割の水準を維持している[19]。社会の標準的な生活から一定以上距離が生じるのを防ぐという観点から，このように標準的な賃金との関係で，最低賃金の実質的な水準を設定するのが望ましいと考える[20]。

3 雇用保険制度と再就職支援

(1) 整　理

雇用保険制度に関連して，失業扶助制度による一般的失業時生活保障給付を確保しつつ，その受給要件として労働市場への接触を求めること（本誌・丸谷論文参照），失業者が技能を向上させ，新たな技能を身につけることを援助し，労働市場に再参加することを支援するような，エンプロイアビリティを高める制度として雇用保険制度を再構成すること（同・山下論文参照）が提案されている。また，再就職支援において"profiling"（個々人の情報集積とそれに基づく適切な施策の実行）と"cooperating"（協働・連携）を強化すること（同・中内論文参照）が展望されている。

これらは，国際的には，「アクティベーション戦略」(activation strategies)といわれるものである[21]。そのエッセンスは，求職者がより積極的に仕事を探したり，エンプロイアビリティを高めたりする努力を行ったりするのを，促進することにある。この戦略の特徴としては，①失業の初期段階での公共職業サービス機関の介入，求職者と雇用カウンセラーとの密度の高いコンタクト，②求職活動に関する定期的な報告とモニタリング，③求職者に対する仕事の直接的

---

19) Conseil supérieur de l'emploi, des revenus et des coûts, Le smic, salaire minimum de croissance, La documentation Française, 1999, pp. 19 et 56.
20) ここでは，「相対的貧困」概念，すなわち，社会の標準的な生活から一定以上距離ができ，そのような生活ができなくなっている状態を，当該社会にあってはならない状態（社会的排除）と捉える考え方を参考にしている。同概念については，布川日佐史「労働：新しい相対的貧困」青木紀・杉村宏編著『現代の貧困と不平等――日本・アメリカの現実と反貧困戦略』（明石書店・2007年）75頁以下，岩田正美『現代の貧困――ワーキングプア／ホームレス／生活保護』（筑摩書房・2007年）43頁以下，山森亮「A. セン vs. P. タウゼント論争再訪――経済学 vs. 社会学」藤村正之編著『福祉化と成熟社会』（ミネルヴァ書房・2006年）117頁以下等参照。
21) OECD, op. cit., p. 208, p. 236.

な紹介，④個別行動計画の作成，⑤長期失業によるモティベーションとスキルとエンプロイアビリティの低下を避けるための研修プログラムの紹介，といった5点が指摘されている。

これらの施策では，「相互義務（mutual obligations）原則」と呼ばれるもの，すなわち，求職者が失業手当等の所得保障を受けることと，教育訓練を含めた求職活動を行うこととをリンクさせる取扱いを実行すること，とりわけ，求職者による失業手当等の受給要件の遵守をモニタリングし，必要に応じて支給停止等のサンクションを課すことが目的とされている。

これに対して，求職活動のモニタリングや，求職活動が真に行われているかどうかの確認が，過度に厳格に行われる場合には，そのような施策は「ワーク・ファースト・アプローチ」（work-first approach）と呼ばれるものであるとされる。これによれば，再就職がよりスピーディになるが，しかし，求職者はあまりにも早く再就職先を受け入れざるをえなくなるので，低賃金となったり，再び失業するまでの期間が短くなったりするとの指摘がある。結局，マッチングの質と仕事の安定性を向上させることが，重要ということになる。

(2) 提 言

ここでは，良質なマッチングのためには，失業時の所得保障が不可欠であること，それと並んで，より密度の高い再就職支援策も求められること，雇用保険の給付水準を高度化したり，失業扶助を創設したりするのは，このような再就職支援策の強化とあわせて検討されるべきであることを指摘しておきたい。それは，失業者の二面性，すなわち，離職者であることと求職者であることとの両面をサポートする必要がある，ということでもある。[22]

これ以外にも，所得格差が拡大している社会では，再就職による賃金低下のリスクも高くなることから，再就職による所得の低下を緩和する在職給付も検討の余地がある。また，現行の受給資格要件にかかる被保険者期間の計算方法

---

22) J.-M. CHAUCHARD, Droit de la sécurité sociale, 3e éd., L. G. D. J., 2001, p. 472. ただし，フランスの雇用保険制度が，雇用を非自発的に奪われた者という資格よりも，求職者という資格のほうに，力点を次第に置くようになり，制度の保険的性格が変質させられつつあることが，同書では強調されている。

は，失業保険法の制定以来，月を単位としているが，パートタイム労働者への対応を考えた場合，日単位や時間単位を併用する，あるいはこれらに切り換えるのが望ましい。

Ⅳ　おわりに

1　セーフティネット論を越えて

本稿は，雇用の非典型化・流動化について，それに抵抗するのでもなく，それをそのまま受容するのでもなく，現に進行しているものとして踏まえる一方で，雇用社会の従来のセーフティネットのあり方では正面から捉えられない，新しいリスクをもたらしつつあるものとして理解した。そのうえで，とくに最低賃金制度と雇用保険制度を通じた，そのマネジメントの課題を検討し，さらに，両制度の改革の方向性について簡単な提言を行った。

ところで，「雇用への権利」（労働権）は，「雇用に関する法」（労働法）と対立するのか。[23] 最低賃金の引上げが失業をもたらす，あるいは，雇用保険の充実が失業の長期化をもたらすといった主張の延長線上においては，この問いに肯定で答えることになるであろう。また，在職者の労働権は，求職者のそれと対立するのであろうか。さきほどの問いに肯定で答える場合には，法が前者の既得権を保護することで後者の就労機会を奪うと考え，この問いにも肯定で答えることになろう。[24] 労働者保護のための規制は，雇用の喪失をもたらし，もっとも弱い立場の労働者に悪影響を及ぼす，最善の労働者保護手段は，労働需要の増加あるいは事業主間の競争であるといった前提が，そこでは採用されているものと考える。[25] 換言すれば，雇用の問題は，自律的な市場とその自生的な秩序に委ね，そこから脱落する者を救済することに，法の役割は限定すればよいということになるであろう。

---

[23]　G. LYON-CAEN, Le droit au travail, in Les sans-emploi et la loi, hier et aujourd'hui, Acte du colloque Nantes-juin 1987, Calligrammes, 1988, p. 212.

[24]　cf. A. SUPIOT, Critique du droit du travail, 2e éd., PUF (Quadrige), 2007, p. 257.

[25]　Ｍ＆Ｒ・フリードマン（西山千明訳）『選択の自由――自立社会への挑戦』（日本経済新聞社・2002年）528頁・546頁等参照。

これに対して，本稿は，冒頭に紹介したようなセーフティネットの捉え方から，労働法の存在自体が労働市場の運営を支えており，むしろ必要なのは，新しい状況に対応した法的な仕組みであるとの立場を前提とした。しかし，たとえば，最低賃金制度を労働市場政策において積極的に活用することは，労働者保護法を市場政策に従属させることに繋がらないのか，求職者としての義務を強調し，求職活動のモニタリングを行う仕組みは，はたして法のあり方として望ましいのかといった危惧も生じる。

 要するに，当然のことではあるが，労働権保障の理解の仕方によって，労働市場の制度化（あるいは脱制度化）の程度・方向性が左右されるとともに，現実に採用される制度や仕組みに対する規範的評価が異なってくることになる。そこで，最後に，日本における労働市場の制度化にとって鍵となりうる，憲法27条1項の労働権について，従来の議論とこれまでの検討を踏まえつつ，その基本的な内容を考えてみることにしたい。[26]

2 労働権からの権利基底的アプローチ

 労働権には，基本的には2つの側面があると考える（【図1】参照）。1つは，雇用へのアクセスを保障するという意味での手続保障的側面である。これは，市場の需給関係に失業問題の解決を委ねるのではなく，労働者が雇用にアクセスするための条件整備や積極的支援を，国が行うということを意味する。この条件整備や積極的支援にも，周知のように2つの側面がある。失業時の所得保障と再就職支援策である。そのうえで，雇用へのアクセスに関するこの手続には，デュープロセスが保障されるべきであると考える。つまり，それぞれの個別的な事情に即した雇用復帰策が講じられるべきであろう。[27]

---

26) 労働契約規制だけでは，労働権に十分な内実を与えることができない以上は，労働契約の存否によっては左右されない職業的地位の保障といった他の方法が，検討されなければならない（F. GAUDU, Droit du travail, 2e éd., Dalloz, 2007, p. 11.）。同じ社会の構成員として認め合い，そのような社会的メンバーシップにともなう権利を社会的市民権と呼ぶのであれば，労働市場における社会的市民権の構築が重要となっているといえるであろう。

27) 欧州理事会が2005年7月に採択した「成長と仕事のための総合指針（2005-2008年）」（2008年3月改定予定）の中で，包括的労働市場（inclusive labour markets）を実現するための必要的社会サービスの1つとして，「個別行動計画」（personalized action plans）

しかし，労働権保障は，たんなる雇用へのアクセス保障でなく，いかなる雇用へのアクセスを保障するのかという，もう1つの側面，すなわち，実体規制的側面を含むものと考える[28]。この点は，現在のような雇用・労働状況下では重要になってきている。これは，直接的には，憲法27条2項の問題となる。同項の理念的基礎としては，憲法25条の生存権が挙げられるのが通例である。しかし，人間らしい生活の保障と並んで，人間らしい労働の保障を憲法27条2項は課題としている点で，労働権も同項の理念的基礎とされるべきであろう[29]。また，広く指摘されているように，アクセスした雇用から簡単には切り離されないという雇用自体の保護も，この実体規制的側面には含まれると考える。

　そのうえで，労働権保障には，手続保障と実体規制とが重なり合う内容として，「よりよい雇用へのアクセス保障」も含まれていると考える[30]。これは，求職者のみならず，在職者にも及ぶ。その具体的内容として，典型的には，職業訓練が挙げられるが，近年の立法・政策動向との関連では，派遣労働者の直接雇用，パートから正社員への転換，ワークライフバランスの保障なども，その射程内に入るであろう。労働市場と企業組織を通じたより人間らしい就労の機会の漸進的保障が，労働権保障の1つの重要な柱となると考える[31]。

　結局のところ，権利基底的アプローチ（rights-based approach）による労働市

↗が位置づけられたこと，また，フランスなどで，求職者と公共職業紹介機関との関係の個別化・契約化が指摘されるようになったこと（cf. A. SUPIOT, Un faux dilemma : la loi ou le contrat?, Droit social, 2003, pp. 68-69.）などを，ここでは参考にしている。いわゆる「適職選択権」（松林和夫『労働権と雇用保障法』（日本評論社・1991年）2頁以下・109頁以下・138頁以下参照）も，この手続保障的側面に含まれると考える。

28) 実体的デュープロセス論の類推からも，このような推論が正当化できるであろう。
29) 沼田稲次郎「生存権・労働権（労働者の生存権的基本権）」同著作集7巻『労働権保障法論』（労働旬報社・1976年）22頁以下参照。
30) 基本的視点は若干異なるが，「量的雇用政策」（完全雇用政策）から「質的雇用政策」への転換を指摘し，これに対応して，「雇用への権利」に代わる「よりよい雇用への権利」（droit au meilleur emploi）という概念を提示するものとして，J.-M. VERDIER, A. Coeuret et M.-A. SOURIAC, Droit du travail, vol. II, rapports individuels, 14e éd., Dalloz, 2007, pp. 4-5. また，清正寛「雇用保障法の概念と若干の問題」日本労働法学会誌45号（1975年）143頁以下参照。
31) 職業キャリアの形成・展開機会の拡充を図る「キャリア権」論（諏訪康雄「キャリア権の構想をめぐる一試論」日本労働研究雑誌468号（1999年）54頁以下参照）とも，部分的には重複することになろう。

場のリスクマネジメント[32]を，日本においてどのように実現するのか，とりわけ，移行（失業から雇用への移行，雇用から雇用への移行等）と安定（雇用における安定，雇用を通じた生活の安定）とを両立させる仕組みを，労働者の権利保障という観点からいかにして制度化するのかということに，課題は集約されるのかもしれない。

（やの　まさひろ）

---

32) cf. Report of the ILO Director-General, "Changing Patterns in the World of Work", International Labour Conference, 95th Session 2006, p. 55.

《シンポジウムの記録》
労働法におけるセーフティネットの再構築
——最低賃金と雇用保険を中心として——

1 最低賃金法の再検討

● パートタイム労働と最低賃金

野田進（司会＝九州大学） 最初に柳澤会員の報告に対する質問です。脇田会員からの質問ですが、読ませていただきます。「日本ではパートタイム労働者の賃金水準が最低賃金と密接に関連していると思います。非課税限度額年収103万円や被扶養者基準年収130万円が最低賃金額の水準に大きく影響しているのではないでしょうか。これについて報告者のお考えをお聞かせください。もし関連があるとすればどのように解決すべきかについて考えておられることがあるでしょうか。例えば年収の非課税限度額を生活保護水準以上に引き上げたり、最低年収という年収を起点に最低賃金規制をする方向性が必要になると思いますが、どう考えればよいでしょうか」ということです。脇田会員、補足の説明をお願いします。

脇田滋（龍谷大学） 前から考えていることですが、日本の非正規雇用は特に家計補助型のパートタイムから出発した。これは夫とか父親の家族が103万と130万の被扶養者の範囲の中で働くところから出発して、それが最低賃金に結び付いているのではないか。例えば103万の被扶養者の限度額を見ると、4分の3要件と対応しています。年間の労働時間が2千時間としてその4分の3、1,500時間で103万を割りますとちょうど689円。あるいは地方の例でいくと200万円で666円ということで、ぴたりと最低賃金の水準になります。

そうすると、最低賃金を上げても、結局労働時間で調整されるのが現実だと思うので、この103万円をどうすればいいのか。今はフルタイムの非正規が広がり、年2千時間働くが、家計補助レベルの689円か700円辺りで2千時間働きますので年収140万円。これでは生活保護基準にいかないことになり、ワーキングプアとなる。こういう状況がある中で最低賃金以外の制度が、むしろ103万円の水準を作り出してきた。こうした制度的に作られた低い賃金水準をどういうふうに考えればいいのか、これが質問の趣旨です。

柳澤武（名城大学） 大変重要なご質問を、ありがとうございます。先生がおっしゃられたように、従来の最低賃金の対象者としては、家計補助的な労働者が意識されていたという前提は、私も共有できるところであります。ただ、私の報告では、これまでと異なり、独立生計を営んだり、家計の主となる人たちまでが、最低賃金法の対象になるような労働に就労している場合も増えてきているという近年の問題意識が中

心なので，従来の家計補助型のパートタイム労働者や，税制度がもたらす影響という問題は，今でも関連性がないわけではないと思いますが，徐々に薄れていっているのではないかというのが，差し当たりのとらえ方です。

そこで，どう考えればよろしいでしょうかという問題については，先生が言われたように，税制についても一つの重要課題ではありますが，それとはまた別のかたちで新たな課題が出てきているのではないか，というのが本報告の問題提起ということで……ご質問のお答えになってますでしょうか。

脇田（龍谷大学）　方向性をむしろ教えてもらいたかったのです。家族単位の賃金とか社会保障の考え方から，「被扶養者」ということで非常に低い賃金を根拠づける扱い，世界にあまり例のない同一労働，差別待遇を日本に広げて，それを一般の最低賃金にしてきたと思います。例えば，同一労働，差別待遇の「家計補助的な非正規雇用」は，もうやめてしまうとか，抜本的に改善するとか，何かそういうことを考えるべきではないか。確かに「フルタイム非正規」，あるいはフルタイムでありながらパートタイムの賃金しかもらえないので，私は皮肉を込めて「フルタイムパート」と言っているのですが，家族単位か個人単位か，その辺りの賃金や社会保障をめぐる議論が問題の全体に関連しているのではないかと思います。

柳澤（名城大学）　その辺の難題も含めまして，これは宿題とさせていただきます。ありがとうございました。

野田（司会）　重要な問題の指摘だと思いますので，柳澤会員の問題設定の中に組み込んで考えていただきたいと思います。

● 最低賃金法における障害者の法的取扱い

野田（司会）　次の質問に移ります。山田耕造会員から「報告の内容からはずれますが」ということで，「最賃法上の障害のある人に対する適用除外について柳澤会員のお考えがあればお聞かせください」というのがあります。

それに関連して，柳澤会員ではなく中内会員に対しても「障害のある人に対する現行の公共職業訓練施設の現状ないし今後の在り方に関し，中内会員にお考えがあればお聞かせください。障害のある人に対して公共職業訓練受講に対する費用の利用者負担を認めることについて，どのようにお考えになりますか」ということです。

山田耕造（京都女子大学）　ご承知のように，昨年12月末，国連が「障害者の権利条約」を採択しました。新聞報道によりますと，日本政府もこれに署名し，いずれ批准をすると言っていますが，同条約を批准するためには，これに抵触する国内法の改正をやっていかなければならないわけです。これとのかかわりで，柳澤会員にお尋ねします。最低賃金法の検討課題を言われていますが，条約の批准に当たっては，最低賃金の適用除外を定めている8条1号の規定が問題になると思うのです。この規定との関係で，今日，特にトラブルが起こっているのが知的障害者の賃金をめぐる問題でし

て，雇用する側は，この規定を使って，最低賃金の適用除外を受けようとするわけです。そして実際に，これが簡単に認められる状況にあります。この状況をどう考えるかということは，現行最低賃金法を検討する際には避けて通ることのできない問題だと思います。この点について，柳澤会員にお考えがあればお聞きしたいというのが質問を出した趣旨です。

野田（司会）　中内会員についてはあとでお願いします。

柳澤（名城大学）　ご質問を，ありがとうございました。質問にお答えする前に，ご指摘された現行法を確認しますと，最低賃金法の8条が適用除外の規定となっています。ご存じかと思いますが，条文上は「適用除外」という文言になっていますが，実際には減額というかたちで運用されています。この点に関してもう一つ，今回の2007年の改正案ではこの8条が，7条に移りまして「最低賃金減額の特例」ということで法改正が予定されています。改正法案では，あくまで適用除外ではなく，減額を行うことが条文レベルでも確認されたと言えます。

さて，障害者に対する減額を安易に認めていいのかというご指摘に関しましては，私も安易に認めるべきではないと考えておりまして，一致しております。それは二つの側面からで，まずは最低賃金法の除外規定を安易に適用するべきではないということです。先生が簡単にやると言われましたとおり，私も正確な記憶ではないですが，確か5千件ぐらいはあったと思います。この数を多いと見るか少ないと見るかは意見が分かれるかと思いますが，少なくとも今後は，より厳格に運用されていくべきであるという見解を示しておきます。

さらに，法的な論点構造は異なりますが，障害者雇用の場合，そもそも最低賃金が適用される労働者に該当しないとされる，授産施設である小規模作業所における訓練生の問題も重要です。この場合はそもそも労働者に該当しないということで，最初から最低賃金法の規定からはずされています。この点について，近年では労働基準監督署が最低賃金法違反の疑いで処分する事態も生じていますので，こうした労働者性という観点からも，障害者雇用について，現行の基準を見直すべきではないかと考えています。これが二つ目の側面です。

最後に，これは質問への回答を超えるものですが，私自身，もともとは雇用差別という分野が専門でありまして，今日の報告には入れられませんでしたが，差別禁止というアプローチからの障害者雇用についても，個人的には非常に関心を持っているところです。

● **障害者雇用と公共職業安定所**

野田（司会）　中内会員への質問についてさらに補足をお願いします。

山田（京都女子大学）　中内会員にも同じような趣旨から，お尋ねします。障害者の雇用の促進等に関する法律の雑則の部分の中で，障害者を解雇した場合にはすぐに職安に届け出なければならないとの規定があります。これを受けて，職安は速やかに

求人の開拓，職業紹介等の措置を行うことになっているのですが，これとのかかわりでお聞きします。資料Ｂに現行の公共職業訓練に関する資料がありますが，再就職に当たっての職業訓練については，障害を持つ人と持たない人と訓練内容は違わなければならないことは言うまでもありません。また，身体障害者，知的障害者，精神障害者にあっては，それぞれの障害の特性にあった訓練がなされないと本当の再就職につながっていかないわけです。この点とのかかわりで，現在の職業訓練施設の在り方，職業訓練の内容等がどのようになっているのかについて，ここで中内会員のお考えを聞くことは無理なことですので，論文をお書きになるときに取り上げていただければという趣旨で発言しました。

野田（司会） ありがとうございました。中内会員，お考えがあれば。

中内哲（熊本大学） 山田会員，どうもありがとうございます。私は職安について勉強をしたのが今回初めてで，いわゆる健常者と言われる方々を把握するのが精一杯でしたので，障害者の方に対する職安での対応がどうなっているかまで調査できていません。ただ，ハローワークを訪ねた際に，障害者についての特別な部門があり担当官もいることは把握していました。その部門が具体的にどういうことをやっているか，先生の指摘を受けてなおさらですが，さらに勉強を深めます。

野田（司会） 原稿の中でしっかりご意見を生かしていただければと思います。

● **最低賃金法の将来的な課題**

野田（司会） もう１件柳澤会員に質問です。安西会員からの質問を読ませていただきます。「現在わが国の最賃については今年の地域最賃は東京都20円アップ，青森・沖縄は８円アップになっており，東京739円，青森・沖縄618円と121円の差があり，中賃の目安自体からして地域間格差は拡大の一歩をたどっている。民主党は全国一律最低賃金制度を掲げているが，むしろ現状の格差は物価，生計費，賃金水準から見て地域差があることが公平ではないか。同じ１万円でも東京都と安西先生の出身地の四国の香川県では違うというのが実感である。この点についてどう考えるか」。

もう１点，「なお，改正法案で業種別最賃に罰則を与えないと要約されているが，業種別最賃を支払っていないと，労基法24条の賃金不払いになり罰則の適用があるのでこの点間違わないように」という趣旨の質問です。安西会員，補足をお願いします。

安西愈（弁護士） 先ほど山田会員の質問に対して，柳澤会員が障害者について減額するという話がありましたが，現在国会で審議中の法案が減額措置でありまして，現行法は山田会員が言われたとおり適用除外になっていますので，そこを訂正されたらいかがかと思います。

次は地域間格差の是正が言われていますが，質問したとおり逆に今年の中賃の目安はＡランク19円，Ｄランク７円，大きく地域間格差が開いたということですが，国内における格差は物価，生活費，雇用需要を比べるとむしろ妥当ではないか。それを

前提に各企業は地域社員，支店雇用社員という制度を設けて，正社員をその地方の賃金で雇用する方針を立てているのではないか。

従って，全国一律最低賃金はむしろ問題ではないだろうか。今日は沖縄の最賃の会長の竹下会員もお見えですが，多分私と同じような考えではないかと思います。その点についてご意見を承りたいと思います。

野田（司会） ありがとうございます。柳澤会員からお願いします。

柳澤（名城大学） はい。まず，最初のご指摘ですが，条文上は適用除外だけれども運用上は減額で，現行法の下でも現実の運用はそうなっているという話です。これは，別に間違いとか正しいとかではなくて，そういう意味で申し上げました。よろしいでしょうか。

安西（弁護士） 現行法は，適用除外で「精神または身体の障害により著しく労働能力の低い者」というのは，使用者が対象者一人一人について除外許可申請を出すとなっていますので。

柳澤（名城大学） いや，そういうかたちで申請は出していても，完全に野放しの適用除外とはならないわけで，実際には減額というかたちで運用されているという，いわば形式と実際の違いなのだと思いますが，あとで確認させていただきます［＊労働調査会出版局編『最低賃金法の詳解［改訂2版］』201頁（労働調査会, 2005）でも，「現実の運用にあたっては，あらかじめ許可基準等についても最低賃金審議会に諮ったうえで，許可申請書に使用者がその者に支払おうとする賃金額を記載させ，その額が……適当なときに許可をする［ので］極端に妥当を欠く低賃金となるおそれはない」と述べており，弾力的な減額基準の決定とも言うべき実務が行われている］。

それでは，本題のご質問に答えさせていただきます。全国一律最低賃金制度を将来的に検討すべきと申しましたのは，それが地域間最低賃金格差の縮小に直接結び付くという趣旨ではありません。そうではなくて，全国的な基準として最低賃金を定めるという理念そのものが非常に重要だと言いたかったわけです。全国一律最低賃金になれば，自動的に地域格差が縮小するとは考えておりません。

次のご質問で，質問用紙には業種別とお書きになられていますが，正確には産業別のことですね。改正法案の産業別最賃に罰則はないと要約されているが労基法の罰則の適用はあるというのは，おっしゃるとおりだと思いますので，これは誤解のないように修正したいと思います。ご指摘，ありがとうございました。

安西（弁護士） 罰則が適用されないというのはごまかしではないかと思いますので，産業別最賃にもそれを支払わないと労基法第24条で罰則があるというふうに理解いただければと思います。ありがとうございました。

2 失業時の生活保障としての雇用保険

● 所得保障と就労自立支援プログラム

野田（司会） 逢見直人会員からの質問です。積極的雇用政策としての就労自立支援プログラムについて質問したいということで二つあります。「就労自立支援プログラムのためには所得保障と職業能力開発支援の一体化が必要だと思うが，対象範囲，期間，財源など，具体的なイメージがあれば教えていただきたい」というのが第1点です。第2点が「雇用保険二事業には特定求職者雇用開発助成金のような就職困難者支援策が既に実施されているが，こうした制度の拡充は就労自立支援プログラムになるとお考えでしょうか」。あとのほうは若干山下報告にも関係しますので，必要に応じて山下会員にもお願いしようと思っていますが，いずれにしてもまず逢見会員から補足をお願いします。

逢見直人（連合） 丸谷会員の報告は大変ポイントを突いたものだと思っています。特に，現行の雇用保険でカバーされない人たちへのセーフティネット機能が重要だと思っています。そういう意味で，最後に就労自立支援プログラムが提起されたことは大変関心のあるところですが，これはいろいろ論点があって対象者をかなり限定するのか，あるいは積極的雇用政策をもっと全面に出せば，対象者の幅をもっと広げてもいいという考え方もあります。またそのための，財源について，税でいくのか，雇用保険の仕組みを入れるのかという論点もあります。

給付期間をあまり長く設定すると，対象者を絞る必要が出てくるので，もらえない人が発生する恐れがあります。そうすると，期間を限定しなければいけないと思いますがどのぐらいの期間が適当か。雇用保険の失業給付とのバランスも考えないといけないと思いますが，そういう点について何か具体的なイメージがあれば教えていただきたい。併せて山下会員の報告にもかかわる部分ですが，現行の二事業の中でいろいろやっていると思いますので，そこととう関連付けるかということが質問です。

丸谷浩介（佐賀大学） 質問ありがとうございます。この点については申し訳ありませんがそんなに真剣に考えたわけではありませんでしたが，仮に失業扶助のような制度を設ける場合，積極的雇用政策と給付との関係を一体化したものとしてとらえていくことが必要であるということです。

その際に，既に生活保護のほうで自立支援プログラムが実施されていることとの折り合いをどうつけるかという問題があります。その就労自立支援プログラムについても非常に成功しているという話を聞きます。そういう観点から，生活保護の就労自立支援プログラムをモデルにしたものが考えられるのではないかという指摘にとどめていたわけです。

その際，全く新しいものを作る場合に無視していいというわけではありません。現在の就労自立支援プログラムから浮かび上がってくることは，中内報告の中にもあり

ましたように対象者別ごと，個別の事情に即したプロファイリングを行いつつ，それに応じた職業紹介事業，職業訓練への参加を個別に行うことが必要である。そのためには個別事情に即したプログラム内容を類型化し，適用していくことで長期失業へのモラルハザードは防げるのではないかと思うわけです。

具体的にどういうかたちで制度を構築していくかが問題となります。仮に短期失業と長期失業の二つに分けた場合，その財源は短期失業については雇用保険，長期失業については一般財源を財政とした失業扶助でやる。短期の失業については現行の雇用保険法の二事業のようなもので対応可能であり，長期失業者については，短期失業者とは質的に異なると思っていますので，こちらは国の財政で，一般会計でやっていくことが適切だと考えています。

野田（司会）　具体的な話は山下会員から補足があればお願いします。

山下昇（九州大学）　質問ありがとうございます。補足としてもそんなにたくさんあるわけではありませんが，二事業の特定求職者雇用開発助成金の場合だと1年程度の雇用が大原則になりますし，被保険者として助成をすることになりますので，就労自立支援プログラムの実態について私は全く把握していませんが，おそらくだいぶ違うような気がしますので，二事業の中で設けるとしても若干違うような仕組みを採らざるを得ないのではないかと考えています。あるいは試行雇用奨励金のかたちのような，特定求職者雇用開発助成金とはちょっと違

う仕組みの中で制度設計を考えていく余地があるのではないかと考えています。

● 失業扶助と生活保護法の関係

野田（司会）　引き続き，丸谷報告に対して木下秀雄会員からの質問を紹介します。「丸谷報告は失業扶助創設を生活保護法との役割分担という趣旨の報告であったと理解したが，具体的にどのような在り方を考えているのかご教示ください。また，現在の生活保護法の運用の中でのワーキングプアの扱いをどう見ていますか」という質問です。木下会員，補足をお願いします。

木下秀雄（大阪市立大学）　雇用保険の具体的な分析をご教示いただきありがとうございます。全体の議論の中で最低生活保障を雇用，あるいは雇用保険に担わせようという，つまり雇用政策と社会保障政策の連係が重要だと皆さん主張されていると理解しました。

ただ全体として基本的に雇用保険被保険者に対しての給付をどうするかとか，あるいは雇用保険の適用をどう拡大するかという議論がずっとされてはいるのですが，そもそも就労自体が非常に困難な人たちをどういったん雇用保険適用対象者にするのか，あるいは雇用保険に加入しないで失業している人に対してどういう給付をするのかという問題をもう少し考えていただけたら，という印象を持ちました。

また，失業扶助の創設も言及されたわけですが，失業扶助の対象を，現在の生活保護受給の人たち，あるいは生活保護制度の対象から別立てで制度を作るというニュア

ンスの提示をされたと理解したのですが、それでうまくいくのか、生活保護の問題をどう位置付けるのか、あるいは生活保護の中で労働力を持っている人たちがかなり入り込んでいるけれども、それをどう位置付けるのかという問題について教えていただければと思います。

　私の現在の認識を言うと、日本の生活保護は制度的には就労能力のある人も、あるいは就労している人も最低生活費を超える収入がない場合には保護の対象になって、最低生活費受給権があるというのが制度の建前ですが、現状としては非常に厳しく稼働能力のある、あるいは65歳未満だということで行政の窓口で排除する。

　他方で雇用が崩壊している中でワーキングプアという人たちが非常に大量に出てきているにもかかわらず排除する。ワーキングプアに対する最低賃金もありますけれども、生活保護制度の建前としては最後の受け皿としての生活保護があるにもかかわらず隙間があって、最低生活水準以下に割り込んで、生きていくことすらできない人たちが現状としては出てきている。これにどう対応するかが労働法学会と社会保障学会の急務の課題ではないかと私は思っています。こうした状況についてのお考えを教えていただければと思います。

　　丸谷（佐賀大学）　質問ありがとうございます。私も木下会員と基本的な認識はそれほど違わないと思っていますが、生活保護制度とは別に失業扶助制度を新たに設けた場合にその関係をどう整理するのかという論点は、実はあまり整理して考えていたわけではありませんでした。

　生活保護サイドから見ると一つは労働能力のある人については生活保護から切り離して失業扶助に移行してもよいのではないかという考え方があり得ると思います。イギリスの制度においても、以前は一般扶助制度で労働能力のある人ない人のすべてが一つの日本で言うと生活保護の制度に対応していたのですが、法改正によって労働能力のある人についてはすべて失業扶助に移行した。失業扶助に移行すると同時に失業保険と制度的に連係させることで関係部署と密接に結び付けることにより、失業保険の給付期間が終わった方についてはスムーズに扶助に移行するというかたちで制度設定が行われてきた経緯があります。

　さらには実際問題として、現在の生活保護制度は高齢者と病気や障害を持っている方がかなり多くの部分を占めるのですが、そういうことからすると労働能力のある方の比重は相対的には少ないわけです。他方でワーキングプアにも生活保護適用は可能であるにもかかわらず、実際には困難であり、この結果として日本の補足率が非常に少なくなっているわけです。そういう方については現状の生活保護制度で受け止めるだけではなくて、失業扶助で受け止めるという考え方が当然あり得ることになっていきます。これは生活保護サイドの固有の問題として現在はとらえています。お答えになっていないかもしれませんが、現在はそういうふうに考えています。

シンポジウムの記録

● 雇用保険の被保険者の拡大

野田（司会） 次に濱口会員の質問を紹介します。読み上げますと「被保険者資格としての経済的従属性についての質問です。労働時間による判断から賃金水準による判断へとの主張ですが，賃金水準が低い苦汗労働がかえって排除されないかという懸念があります。さらに登録型や日雇い派遣に見られるように，期間によっても判断しがたい経済的従属性は実質的には親がかりなどの生活実態に左右される以上，そこまで立ち入った判断が必要ではないか。例えば日雇用保険の場合，山谷等の地域性が経済的従属性の事実上の判断基準だったのではないか。そうすると，この点が日雇派遣における本質的困難性ではないか」という趣旨の質問です。

さらに「それを雇用保険制度の枠内で解決することはあきらめ，失業扶助を全面的に採ることで対応するべきか。しかしそれは不安定雇用への国家補助になってしまう危険性をはらみます」ということです。補足があればお願いします。

濱口桂一郎（政策研究大学院大学） 「経済的従属性」という言葉はここで何回か使われたので使ったのですが，おそらく先ほど脇田会員が言われた家計補助的かどうかというほうがより適切な表現だと思います。雇用保険には雇用法制であるという面と所得保障・生活保障のための制度であるという面の両方の性格があるのですが，今までは雇用保険法制上最低生活水準を守るため，担保するためのものであるからということを正面からは書かずに，労働時間が短いからとか，賃金水準が非常に低いからとか，あるいは短期断続的だからという側面に着目して，そういうのは家計補助的な就労であろうから，雇用保険制度の適用から外したほうがいいでしょう。そうでない人は多分家計補助的ではなくて生計を維持するための就労であろうから，雇用保険の適用対象にしましょうと。例外的に従来型の日雇いみたいなのもあったのですが，大体それで当たらずといえども遠からずということでやってきたと思います。

ところが，そういった派遣労働に代表されるような不安定な就労形態が家計補助的ではない人たちにも広がってきたのが現状で，それ自体が大きな問題であることは共通認識だと思うのですが，そこで雇用保険の適用をどうするかがここでの問題であるわけです。家計補助的な働き方の人にも雇用保険を全面的に適用するとなると，今でも本当に家計補助的な働き方で最低生活水準を守ってあげる必要がない人たちも結構いるわけで，そこまで拡大すると，いわばほかの労使がいざというときの生計維持のために払ったお金をそういった守る必要のない人たちに対して贈与するという社会的な逆分配になってしまう。

一方で今までどおり派遣労働などの不安定な就労形態は適用対象からはずして，そこで失業者として出てきた人に対してはまさに丸谷会員の提示された失業扶助のようなかたちでやると，これはマクロ社会的にいえば，国民全体がそういう不安定就労者に対して贈与をする，さらに一歩踏み込めば，そういう不安定就労者を利用している

事業に対して国民が補助金を与えているのと同じことになる。これはいかにもおかしなことです。

そうすると，生活実態で判断して，家計補助的な就労であれば対象にしないが，生計維持的な就労であれば対象にするのか。しかしそもそも，雇用保険制度というのは労働法の一環であり，働いていることに基づいて権利が発生するというものであったはずで，同じように働いているのに「こいつは親がかりだから雇用保険の必要はないでしょう」，「こいつは独り暮らしだから雇用保険に入れましょう」と言えるのか。生活保障法という観点からすれば正しいと思うのですが，雇用法制としての雇用保険法からすると矛盾が生じます。私もなかなか結論を出せないのですが，丸谷会員はその辺についてどういうふうにお考えなのかということで質問しました。

丸谷（佐賀大学） 質問ありがとうございます。まず私が報告の中で言いましたのは，当然のことながら被保険者範囲が非常に狭いということでこれの拡大を図っていく。特に典型雇用がこれだけ崩壊していく中で雇用保険の適用さえもできないという労働者が増えていくことは非常に問題である。これは当然の認識，前提として考えています。

それではどうやって拡大を図っていくか。一つは所得保障の必要性が少ない家計補助的な働き方であるか否か。もう一つは利己的な離職状態が発生するようなことがないような，要するにモラルハザードが生じないような制度設定にしていくことが必要であると思います。これを一つの前提として，実際の制度設計においてはいかにして両者のバランスを取るかが非常に難しいと考えています。

ただ，その場合に私が本日の報告で言いましたのは，現在の被保険者の範囲を確定するときには労働時間で判断していまして，これは労働生活に着目して被保険者資格の有無を決することになります。これがミスリードさせたかなと思ったのですが，私が言いたかったのは労働時間で切るのをやめて年収，すなわち消費生活の側面のみで切れと言っているのではありません。労働時間が一定以上，あるいは消費生活のほうが労働に従属している労働者については適用を図っていくべきではないか。従って，経済的従属性があるか，あるいは人的な従属性があるか，いずれかの場合には雇用保険の適用拡大を図っていって適用していくべきではないかという趣旨で言ったつもりです。

この点は以前の法改正においてパートタイム労働者について年収制限が撤廃されたのとは方向性は逆です。以前は年収90万見込みでありかつ20時間以上という条件でしたので，これを例えば時間数や年収の基準は別としても年収90万以上，あるいは週20時間以上というかたちで適用基準の拡大を図っていくべきではないかという趣旨で言ったつもりです。

野田（司会） 丸谷報告のポイントは，一つは被保険者資格に関する経済的従属性を取り上げている点ですが，もう一つは失業扶助に対する提言であり，この二つが取

り上げられているところが，丸谷報告の重要な点だと思います．

● 雇用保険の被保険者の拡大と不安定就労の助長

野田（司会）　丸谷報告についてさらに質問用紙が出ています．「非正規就労の中には日雇派遣も含まれると考えます．このような形態の就労を雇用保険の対象とすることは，不安定就労を認めることにつながるのではないでしょうか」というのが1点．もう一つは「所定給付日数を延長した場合でも，結局それをもらいきってからでないと本気に再就職を考えないという実態は変わらないと思いますが，その辺はどのようにお考えでしょうか」．質問者のお名前がないようですが，この質問用紙を出された方は挙手をお願いします．

成川真理（厚生労働省雇用保険課）　会員ではなく，今日は受付で傍聴のみの参加になると言われましたが，気が付いたので書かせていただきました．

野田（司会）　非会員の方ですが，せっかくいい質問をされていますので質問しても差し支えないでしょうか，会員の皆さまのご同意があれば，お願いします．

成川（厚生労働省雇用保険課）　日雇派遣のようなものについても雇用保険を適用することは大事なことだと思うのですが，一方で不安定就労を認めてしまう方向に今後動くのではないかと思っています．雇用の多様化と言われますが，雇用の多様化ありきで話が進んでいるような気がしています．私も多様化は大事だと思うのですが，

非正規のほうにどんどん就業形態が進み，それに対して行政が後手後手で対応しているような気がして，その辺はどういうふうにお考えなのかというのが質問の趣旨です．給付日数の延長については，給付日数を結局何日にしても，もらいきってしまう人が多いという話で，長期失業は結局所定給付日数の問題ではないのではないでしょうか．長短の問題ではなく，結局何日にしても「もらえるものはもらっちゃおう」という人が多い気がしています．

丸谷（佐賀大学）　第1点目の非正規雇用に関して，特に日雇派遣に関しては濱口会員からも同様の質問をいただいていますが，そういった労働者に対しても適用拡大を図っていくことでかえって不安定雇用を助長してしまう恐れがあるという質問だと理解しています．今回の報告の趣旨としては現に多様な就業形態があり，例えば日雇派遣というような新しい労働者が出現している．この評価はとりあえず別のものとしておいて雇用保険の在り方を考えています．ただこの点についてはもちろん望ましいか望ましくないかのレベルで言うと望ましくないと考えています．

矢野報告でも指摘されたように，こういった多様な雇用形態が雇用保険とか，もちろん最低賃金もそうですが，実は生活を維持するに足りるようなセーフティネットとしての機能が従来の制度とはうまくマッチしない．そういった現実を踏まえて，そういった方の生活の安定を図っていくことは当然必要なことであるという視点です．従って，第一義的にはこういった方に対する

生活保障，生活の安定を図っていくことが必要だ。けれども，不安定な就労を助長，促進してしまう面があるとするならば，雇用対策立法で特に労働者派遣法などを通して何らかの措置を講じていくことが適当であると考えています。

第2点目は，所定給付日数を延長した場合に結局はそれをすべて受給してしまわない限り本気で再就職を考えないという点，モラルハザード的な現象が生じていることをどう考えるかという点です。雇用保険制度は社会保険という目で見ると，社会保険には医療・年金・介護・労災というものがほかにもありますけれども，そういった他の社会保険の事故は基本的には本人の意思が介在せずに発生したリスクに対する補償ですが，失業はその定義からも了解できるように本人の意思がどうしても介在することになります。

この点が実はほかの社会保険制度と雇用保険制度を非常に明確に区分する制度的な特徴が現れる点です。ある種のもらえるだけもらってしまおうという現象，スパイク効果は防ぎきれないものだと考えています。ただ，あまりにもモラルハザードが生じることを避けるために所定給付日数で制約を掛けていくならば，より厳しい状況に置かれる労働者が出現するかもしれませんので，そうではなくて要件の判断，すなわち給付制限などで何らかの適当かつ個別的な対応を採っていくべきだと思っています。従って，所定給付日数にいくのではなくて個別の失業認定などで対応していくのが筋であると考えています。

● 雇用保険におけるモラルハザードへの対応

野田（司会）　次の質問に移ります。川口会員からの質問です。「雇用保険に関して労働者の利己的な退職と使用者の安易な解雇を防ぐことが重要であると指摘されましたが，具体的にはどのような制度を提言されるのでしょうか」という質問です。補足をお願いします。

川口美貴（関西大学）　今の質問どおりですが，利己的な退職をどうしていくかということと，使用者の安易な解雇を防ぐということですが，今の雇用保険制度ですと解雇した使用者に対して特にサンクションがあるわけではないので，例えば労災のメリットシステムのようなものがあるわけではないので，結局正当な理由なく使用者が解雇しても，それによって失業した方に対するいろんな給付は，解雇をしなかった事業主も含めて供出することになると思います。

もちろん解雇の場合は正当な理由がある場合もあるので判断するのがなかなか難しいとは思うのですが，そういうことを考えて，正当な理由なく解雇した使用者に対して失業者を出したことについて何かお考えがあればお聞かせ願いたいと思って質問しました。

丸谷（佐賀大学）　質問ありがとうございます。質問の趣旨は二つあると考えています。一つは雇用保険給付システムの中で，労働者の利己的な退職をいかに防ぐかということ。もう一つは使用者の安易な解雇を防ぐためにはどういった方策を採るべきか

ということです。

前者はモラルハザードをいかに管理していくかという問題になってくるわけですが，一つは短期的な失業の場合には受給資格で利己的か否かが判断できると思います。もう一つは自発的な失業といったかたちで出てくるわけですから，これは中内報告にもありましたように，現在は給付制限を3カ月に固定して行っていますけれども，法的には1から3カ月の間で決定することになっています。そうすると，3カ月にフィックスしたようなかたちではなくて，1から3カ月の中でより柔軟にフレキシブルに対応するような給付制限の在り方を考えていく必要があると思います。

もう1点，安易な解雇の抑止については，ご質問のように保険料のメリットシステム，経験料率制を導入することが考えられます。ただ，これを導入するに当たっては倒産回避型解雇であっても保険料率を引き上げなければならないのかといった論点が残ると思います。ただ，これについてはアメリカの失業保険が参考になると思いますが，十分検討に値するものだと思います。

3 雇用保険給付の政策目的とその役割

● 派遣労働と再就職手当の支給

野田（司会）　山下会員への質問用紙はありませんので，会場からの質問を受け付けます。脇田会員，よろしくお願いします。

脇田（龍谷大学）　お聞きしたいのは，再就職手当のことです。以前は，派遣労働などで，確か1年以上雇用の見込みがない仕事はまともな仕事ではないので，「再就職手当」は出さないという扱いだったのが，小泉内閣のときに「派遣も立派な仕事だ」ということで，派遣で就職したときでも，派遣労働者に再就職手当を出すようになったと理解しているのですが，まずそれでいいのかどうかと，なぜそのように変わったのか。派遣は不安定な雇用で再就職手当を出す対象ではなかったのに，それがなぜ大きく変わったのか，この辺りを教えていただければと思います。

山下（九州大学）　質問ありがとうございます。せっかく質問をいただいたのですが，その点については正確な事実は承知しておりません。現時点で事実関係がどうなっているか等，運営部分について現段階ではお答えできません，申し訳ありません。

野田（司会）　大会誌の論文のときに反映していただきたいと思います。

4 再就職支援に果たすハローワークの役割

● 職業紹介に関連するサービスの必要性

野田（司会）　最初に木下会員からの質問を紹介します。読ませていただきますと，「NHK『ワーキングプア』でも報道されたがホームレスの人の職業紹介における連絡先の設定や面接に行く交通費の支給など，きめの細かいサービスが必要と考えますがいかがですか」という質問です。

木下（大阪市立大学）　質問も重なる

のですが，雇用保険対象の正規就労になかなか就けなかったり，あるいはそもそもまだ就労していないような人に対する就労支援の在り方についてお考えをお聞きしたいと思います。ご報告では，職業紹介の現場も訪問してきめの細かい援助が必要だというご指摘があったわけですけれども，例えば先日 NHK で非正規就労についての番組があったのですが，この番組では職安の職員の人が非常に丁寧にホームレスの人に職業紹介をされたのですが，なかなか紹介先が見つからなくて唯一見つかった場所が県外の場所だった。そこで職安の職員の人が，「では行ってください」と言うことになったが，この人にはそこまで行く交通費がない。それで「申し訳ありません，行けません」となる。あとで職安の方が「交通費のない人がいるとは思いませんでした」みたいなことを言っていたのが象徴的でした。しかし，こうしたことはむしろ現状の中ではごくよくあることです。

ご報告でご指摘のあったきめの細かい職業紹介といったときに，単にプロファイルを丁寧にやった上での紹介というようなことだけではなくて，求職活動に必要な交通費を支給するとかということは考えられないか。あるいは具体的な職業訓練のためのコース参加を支援するときに，そのコースを受けている期間の生活費を保障しないと，いくら丁寧に「こんなのがあります」と言われても参加できないわけです。そういう意味で，雇用保険に既に入っていた人の再就職支援をきめ細かくするのと併せて，そうでない人たちに対するきめ細かい支援を考えると，もう少し雇用保険給付の対象を広げることはできないかという気がするのですが，いかがでしょうか。

中窪裕也（司会＝一橋大学）　中内報告に対する質問の途中ですが，ここで司会を交代します。中内会員お願いします。

中内（熊本大学）　木下会員，ありがとうございます。私も先生のご意見に基本的に賛同致します。おそらく本当に厳しい現状があるのでしょう。私の進行用レジュメで言いますと，1枚目裏・左のページの下に「トライアル雇用」とあり，この対象者の一つのカテゴリーに，ホームレスの方々は明確に位置付けられています。位置付けておきながら，その方々がアクセスしようと思ってもアクセスができない状況になるというのはほとんど意味がないわけですから，木下先生の言われるとおり，アクセスできるところまできちんとフォローする制度が求められます。

ただ，木下先生の言われたことすべてを雇用保険財政の中でやるのか，あるいは生活保護とか，今後の問題で言えばこれも丸谷会員が提案した失業扶助でやるのか，いろんなパターンがありますから，具体的な制度としてはいろんな壁を越えなくてはいけないと思いますが，木下先生の趣旨はよくわかりますし，そうあるべきという考え方は同感です。

中窪（司会）　よろしいですか。従来，3事業の中で雇用福祉事業として，求職者の就職のために資金の貸し付け，身元保証その他必要な援助を行うことというのがありました。先日の法改正で雇用福祉事業は

廃止されましたが，実質的には雇用安定事業に引き継がれて残っているのではないかと思いますが，山下会員，その辺は何か。

山下（九州大学） 現状のどこに引き継がれたかということは正確には把握していませんが，独立行政法人雇用・能力開発機構の目的の一つに，就職の困難な者に対する資金の貸し付けという事業がありますので，おそらくは現状でも貸し付けの制度そのものはあると思います［なお，シンポジウム後に確認したところ，雇用福祉事業で行っていた就職資金の貸し付けの事業は，3事業の見直しの結果，機構に対する補助金の事業としては廃止とされ，現在は経過措置で雇用安定事業で補助しているが，21年度からの廃止が予定されている］。

中窪（司会） それをもう少し活用する必要があるということでしょうね。

● 労働者派遣・偽装請負と職業紹介

中窪（司会） 引き続き中内報告に対する質問ですが，脇田会員から「ハローワークの職業紹介で，いわゆる偽装請負業者に採用され違法派遣されるという事例を聞きます。ハローワークの求人者として労働者派遣事業や偽装請負業が増えていると言われます。その実態について教えてください。労働者派遣事業や偽装請負業の職業紹介や再就職斡旋は積極的に評価できないと思いますが，お考えをお聞かせください」ということです。これはむしろ脇田会員のほうがお詳しい気がしますが，補足の説明をお願いします。

脇田（龍谷大学） 中内さんのご報告資料の「ハローワークにおける職業紹介の流れと概要」で，求人は正社員，パート・アルバイト，請負・派遣に3分類されているとなっています。これに触発されたのですが，派遣や請負と言っても，その多くが，実態は雇用主ではなくて，職業紹介的機能を果たしていると思います。ところが，労働行政は一貫して，派遣元が雇用主だいう建前できました。要するに，派遣や請負会社からの求人に職安が応じて，労働者を紹介すれば，労働者は派遣会社に職業紹介され，そこからまた派遣先に派遣されることになります。職安からの紹介でも，言わば，「二重派遣」，「二重紹介」の実態が少なくないと聞きました。

特に都会で非常に多くて，東京などでは，ちょっと信じられない数字ですが，職安に来るうち4割から5割の求人が派遣や請負会社からのものだと聞きます。本当にそういう実態があるのかを知りたいのが一つです。それに，職安法には適職紹介という，違法な労働条件の職場に紹介してはいけないという規制があるのですが，偽装請負会社への職業紹介が多いということでは，ハローワークの適職紹介についての対応が非常に弱くなっているのではないか。

職業紹介を民間に任せるのは駄目だという，ご報告の結論について同意しますが，もっと職安の機能を労働者保護の方向へ強めるべきではないか。その点から見ると現在の職安の姿勢は弱い。実態のない派遣や偽装請負や，労働法違反の職場に労働者を紹介するのは問題だと思っており，質問をしました。

中内（熊本大学） 脇田会員，ありがとうございます。まず前半の実態はどうかですが，私が実際に訪ねたハローワークは2カ所で，ハローワーク熊本とハローワーク福岡西です。ですので，ハローワーク全体のことはわからないですし，職安の立地条件でも求職者の層とか嗜好が違うようですから難しいのですが，上記ハローワーク職員とのインタビューでは，何割とか何件という明確な数字は出なかったものの，「求人数の中のかなりの部分を請負や派遣が占めています」とのことでした。ハローワーク熊本では，正社員希望の方が非常に多いので，職安としてもミスマッチに非常に苦労しているという話を聞けました。実態や有り様という点では，このようなお答えしかできないことをご了承ください。

2点目の適職の紹介ができていないのではという指摘ですが，ハローワークの窓口としては，少なくとも書類がきちんとそろっていれば，求人票を受理しなくてはいけません。実際に紹介先に行ったら違法なことがあったという情報がハローワークに入れば，それ以後の求人票の受入れを拒否することはできますが，どうしても制度としては後手に回ります。

現在は偽装請負や違法派遣の話を頻繁に聞くようになってきましたので，こういう情勢が続くと求人側が提供するもともとの情報がより具体的で精密になってくる可能性はあるでしょうが，脇田先生の言われているような内容で制度として動かせるかというとなかなか難しいと思います。

中窪（司会） よろしいでしょうか。はい，どうぞ。

脇田（龍谷大学） それでは何か後手になると思います。派遣をめぐっても労働者保護の方向で規制するべきだという意見も出てきています。そういう意味では違法な派遣につながる職業紹介をハローワークがやっていいのか。そこに何らかの規制を加えるべきではないか。立法論にしろ，枠組み上の改善にしろ，そういう点について中内さんはどういうふうに考えているか，もしあればお答えください。

中内（熊本大学） ご承知のように法律による規制はどうしても後手後手にならざるを得ない場合があります。法律の規制が初めから成功して望ましい結果が得られれば，これほど素晴らしいことはないでしょう。私は思い付きませんが，もし職業紹介の段階で違法な派遣につながらないような妙案があるなら，ぜひ採用すべきと考えます。現時点で具体的にこうしてはどうかという中内なりの考えは残念ながらありません。

● 職業紹介の運営単位

中窪（司会） 次に，先ほど質問することを皆さんに承認していただいた厚生労働省の成川さんから，中内報告に対する質問をいただいていますので紹介します。「レジュメ2枚目の表に『ハローワークの民間委託・民営化は早計』という記述がありますが，私もその点では同意見です。しかしその一方で，ハローワークを都道府県で，都道府県単位で小さすぎるのであればブロック単位で運営する可能性については，

どのようにお考えでしょうか。求人情報ネットワーク自体は国が管理すれば問題ないのではないでしょうか。失業認定と職業紹介の連係を考えるのであれば，保険者である国が必ずハローワークも運営すべきという意見もあり得ますが，それについてはどのようにお考えでしょうか」ということが書いています。特に補足はよろしいですか。これについて中内会員からお願いします。

中内（熊本大学） もし違うならあらためてご指摘いただきたいのですが，ご質問のご主旨が，きめ細かい職業紹介を実施する主体は，国ではなくて，都道府県とか，都道府県が小さければもう少し大きな範囲を想定してはということでしたら，それは前向きに考えられます。

ただ，そのことは，地方が出てくるなら国は引っ込めばいいという話にはつながらないだろうと思います。基本的には全国のネットワークを使って職業紹介を行うというメリットもあると私はとらえていますので，ナショナルミニマムである国の行政として職業紹介事業をやりながら，それではなかなか足りない，あるいは手の届かないところがある，そういうときに都道府県，あるいは市町村，あるいは道州制の話もありますが，そういう単位でプラスアルファを目指せば，さらによりよい制度ができると考えます。これが1点目のお答えです。

2点目ですが，諸外国の中には失業認定と職業紹介とを分離して運営する方式を採るところもあるようですが，報告の「プロファイリング」でメリットとして述べましたように，私は両者が一体であるべきとの立場です。

1点目と関連しますが，国だけがやるというわけではなくて，職業紹介に関して言えばいろんなところが，民間がやってもいいし，都道府県がやってもいいし，場合によっては市町村がやってもいいというように並列で，複線的なやり方がいいのではないかと思っています。以上です。

中窪（司会） 今の点はよろしいでしょうか。

成川（厚生労働省雇用保険課） 私もそういうふうに思っている部分もあるのですが，国がやってさらにそれを県もやるとなると，今の時代，行政がやる部分を縮小していくという流れの中で国と都道府県の両方でやって，国と都道府県の間で十分連携が取れないから二重にやるというのは通用しないのではないか，どちらか一方にまとめたほうがいいのではないかという意見を聞くこともあって質問させていただきました。全国ネットワークというメリットもシステムとして国が管理さえすればよく，北海道で職を探している人が沖縄で就職したいと思っているとは考えにくいので，ハローワークでの職業紹介自体は都道府県に完全に任せるということも公共職業安定所の在り方としてはあり得るのではないか，と考えます。お考えをお聞かせください。

中内（熊本大学） 確かに北海道にお住まいの方が沖縄で就職することはないかもしれないのですが，ハローワーク職員とのインタビューによると，こういうことがあるそうです。ハローワーク熊本の求人端末では当然ハローワーク熊本管内にある企

業の求人情報を見ることができます。ただ，それだけではなく，例えば，東京の企業が熊本に工場や事業所を立ち上げるというときに，その東京の企業が出す熊本での求人情報も閲覧可能なのです。全国一律に国が管理しているから，このような広域の職業情報のやりとりができるメリットがあると伺い，私もそういうものに期待しているので，先ほどのように申し上げた次第です。

中窪（司会） いろんな意見があるかと思いますが，今後の大きな課題ですね。

● トライアル雇用の運用

中窪（司会） 続いて，萬井会員から，少し長いですが中内会員に対して，「トライアル雇用から本採用へ移行していくケースが多く，行政ではうまくいっているという評価について，確かに政府発表の中では移行率は約80％という数字を見たことがあります。しかし他方，私たちが職安の窓口の職員から聞き取り調査をしたときには，トライアル雇用の助成金交付は書類審査しかしない。助成金交付後の事実状況の確認はしない。窓口の作業の際の感触では，既に本採用を決定している者について助成金を受ける目的でトライアル雇用制度を利用しているにすぎないものもかなり存在するように思う，ということでした。そういうことは事実なのか，あるいは本人の感触で数字はわからないけれども，中内会員はそれをどの程度だと推測しているのか」という質問をいただいています。萬井会員はおられますか。おられないようですので，これについて中内会員から回答がありましたらお願いします。

中内（熊本大学） 萬井会員，ありがとうございます。まずトライアル雇用は書類審査しかしていないかどうかという実態については，少なくとも書類審査をしていることは間違いないと思いますが，それ以外に，何かしている，あるいはしていないについては調査できておりません。それだけに，萬井先生が気にしているようなことがあるかもしれません。その点は今後調べます。

次にトライアル雇用が悪用されているのではないかということですが，ハローワーク職員とのインタビューでは十分その危険性はあり得る，つまり，試用期間に対する補助金として，給料の一部を国に払わせようという発想が企業側にあり得ると聞きました。ただ，そうさせないためにハローワーク自身がトライアル雇用を受け入れる企業の信用とか，それまでの求人実績，実際にトライアル雇用された方へのヒアリング等を通じて，その制度がうまくいくように仕向けていくことがわれわれハローワーク職員に求められていると，結構前向きな気持ちも語っておられました。

もちろん実際に担当している職員やハローワークごとの対応が違うでしょうが，トライアル雇用が悪用される可能性のある中，ハローワーク職員で，そうさせないように，よりよい方法で進めようという気持ちをお持ちの方が確実にいらっしゃるとだけは言えます。以上です。

中窪（司会） 以上で中内会員への書面の質問は終わりです。こういう機会です

シンポジウムの記録

ので、会場からの質問がありましたらお願いします。

山田（京都女子大学） 萬井会員の質問に関連して、実態を教えてほしいと思います。トライアル雇用には、雇用がなかなか難しい人たちに雇用の場につけるようにするために、一定期間実際に企業で働いてもらって、仕事に合うかどうかを試してもらおうという趣旨があると思います。そのこと自体は良いことだと思うのですが、実際には企業の側でこれを悪用するということもあり得るわけで、職安においてもそうした認識があるということだそうです。そこで、お尋ねしたいのは、職安はこの制度によってトライアル雇用に就いた人に対して、どのようなフォロー・アップをしているかということです。

トライアル雇用に就く前は、職安は仕事がその人と合っているかいないのか等について調べはするけれども、入ったあとは、ただ企業にお金を渡すだけで済ませているのかどうかということです。トライアル雇用の本来の趣旨からいうと、雇用に入ったあとのフォロー・アップが本当に必要な場合があるわけです。とりわけ、障害者の場合はそうだといえます。企業にお金だけ渡して、「あとは職安は知りません」ということで果たしていいのか、それなりの対応がないといけないのではないかと、私は思うのですが、その辺は実際にどうなっているのでしょうか。教えていただければと思います。

中内（熊本大学） 山田会員、ありがとうございます。障害者に対する公共職業訓練と同様で、職安が障害者をトライアル雇用につなげるところ、つまり雇用の入口に取り組んでいるところまでは把握しているのですが、そのあとのフォローアップまでやっているかというところは確認していません。先生のご疑問は私も感じていたものの、そこまで踏み込んで調査できておりません。少なくとも職安は悪用される危険性を認識しておりますから、3カ月の試用期間だけ雇用され、その後の常用雇用を断られた労働者から事情を聞いているようですし、常用雇用に移行しない場合は職安に報告すべき義務が企業にあるようですので、「なぜ常用雇用しなかったか」という話を当該企業とやりとりするようです。インタビューを通じて私が申し上げられることは以上です。申し訳ありません。

中窪（司会） 雇用保険をやっていると本当に、いろんな趣旨、目的のためにせっかく制度を作ったのに、常に他方でモラルハザードとの闘いがあることを実感させられますが、この問題もその一環だと思います。

● ハローワークの機能の評価

中窪（司会） 中内報告についてほかにいかがでしょうか。

清水敏（早稲田大学） 1点だけ、今日の中内会員の報告ではハローワークの機能を高く評価している印象をうけました。それは、民営化は少し早計だという認識を示されたからですが、そのような認識との関連で教えていただきたいのは、ハローワークに対する評価は、最近実施された行

政評価とか市場化テストとか，いわば刀を突きつけられた結果なのか，それとも以前からこういう評価を得られるような実態にあったのか，もしご存じならお聞きしたいと思います。

中内（熊本大学） 清水会員，ありがとうございます。これも私が何度か訪ねてハローワーク職員からインタビューした感想でしかないのですが，市場化テストを突きつけられる前からの状況なのかというと，そういう部分もあるでしょうけれども，ちょっと焦って頑張っているところもあるのかなと受け止めています。端的なのはPDCAサイクルでしょう。ノルマにはなっていないにしても目標値を設定して，それに向けてみんなで頑張っていこうという気運は出ていますから，官のままでも何とかいい結果が出るように，あるいは民営化を突きつけられないようにPDCAサイクルを使っている部分もあるのではないかと思います。

これからおそらく深刻になるのは，レジュメでは軽く触れただけで詳しくは伝えていませんが，今年度から始まる渋谷と墨田のハローワークの共同窓口における本格的な官民の競争です。資料Aにも書いておりますが，以前，構造特区として足立区で官民共同窓口がテストされたことがあります。その時の民はリクルートだったのですが，報告でもお伝えしたように，民間とハローワークとでは紹介している職の内容がかなり違う，また対象者も違うものですから，当時のリクルートは適切なノウハウを持ってなかった，だからいい成績を出せな かったという可能性があります。

今回のハローワークの共同窓口では，民は十分な準備をしているでしょうから，結果次第によってはまた民営化に向かう大きな流れができてくるかもしれません。このことはお伝えしておきたいです。

5　雇用社会のリスク社会化とセーフティネット

● 雇用政策の在り方とセーフティネットとの関係

中窪（司会） 最後の矢野会員の報告については，時間がなかったせいもあると思うのですが，実は質問票が1枚も出ていません。内容的に全体を総括するような報告ですので，この場でどなたでも質問をいただいて議論をしていければと思いますが，いかがでしょうか。

野川忍（東京学芸大学） 矢野会員の報告は説明にあったように，全体をまとめてこれからの方向を示す大変刺激的なイメージの報告だったと思います。それに関して最後ですので大きな質問になりますが，最後に矢野会員は，自立的な労働市場を整えてセーフティネットを備える，それでいいのか。そういうことによって，実は労働に関するさまざまな権利がそれに応じて縮小されていくような関係にある。そういう恐れを言われたと思います。

それに関して，確かに現在の大きな規制緩和の方向は福田政権になって若干和らぎましたけれども，しかし実際はまだ経済財政諮問会議も規制改革会議も規制そのもの

は改革していくというその大きな流れはそれほど変わらないと思います。そういう中で，雇用政策についてどういうやり方が最も適切なのかということは，これからまだまだ考えていかなくてはいけないと思います。

その中で例えばセーフティネットの在り方という議論がずっとありますが，先ほどの矢野会員のお話からすれば，セーフティネットというのは安全網ですが，危険なことがあるから安全網が必要です。要するに，その前提には今までは大きく包括的に保護された中で，労働市場が強いコントロールの下で運営されてきたものを少し緩和していって，よく言えば自己責任において危険な道を歩かなければいけなくなるからセーフティネットでカバーする。

そういう意味では，いわゆる市場主義を採る経済学者の人たちの中には，セーフティネットの重要性を，ここでの議論よりもかなりラジカルにとらえる方もいるわけです。そういう点で，これからの在り方がセーフティネットをどのようにきちんと構築していくのかという方向で今日の流れがずっと来ていると思うのですが，そのような考え方と，労働に関するさまざまな権利をきちんととらえ直していくこととは矢野会員の考えではどう調和していくのか。あるいはどちらがどう優先されたり，両立したり，競合したりしていくのか。その辺が大きなガイドラインの話になったので，私が言った意味でのガイドライン的なことでも教えていただければと思います。

矢野昌浩（琉球大学）　質問ありがとうございます。本当に大きな質問で，すぐには答えることができません。方向性としては，セーフティネットをきちんと保障してこそ権利の行使も可能になるだろうし，自己決定もできると考えています。

ただ，これ以上言うことがなかなか難しいものですから，質問をいただいた問題点については論文を書く際にでも少し詰めて考えていきたいと思います。ありがとうございました。もし野川会員のほうで何かこういう点について考えることはできないかというようなことがあれば，むしろご教示いただきたいと思います。

野川（東京学芸大学）　特に大きなものがあるわけではありませんが一つだけ具体的に，もし原稿を書くのなら入れてほしいのは，これは柳澤会員に対する質問にもなるかもしれませんが，最低賃金は生存権であるという考え方があります。それと，セーフティネットであるという考え方は必ずしも一致しない。例えばそういう対立が，矢野会員の言われたことの中でどう整理されるのか，つまりセーフティネットを備えて，具体的にそれがどういうプロセスや段取りになるのかということを，今言われたようなごく個別的な問題を対象に考えると大変貴重ではないかと思うので，その点をもし余裕があれば入れてほしいと思います。

● 非正規雇用と最低賃金の関係，障害者問題と雇用政策

中窪（司会）　ありがとうございました。そのほかにいかがでしょうか。

菊池高志（西南学院大学）　特定の方

への質問ではありませんが、一つ二つ発言させていただきます。最初の脇田会員の質問で出された問題は逆ではないか。実態が家計補助的就労であったがために、税制や社会保険制度で被扶養者扱いとしてはずしてきた結果ではないか。もちろん、一度制度ができてしまうと負担増となるような扱いにあらためられたくないという素朴な大衆感情が働き、その結果が就業時間の抑制となることはありますが、必ずしも制度がそこから最低賃金を抑えるものになっているとは言えないのではないかと思います。むしろ、初期の最低賃金決定が、当時の中卒初任給を睨んで行われたことに、原因があったと思われます。

もう1点、障害者問題に関する指摘がありましたが、おそらく、今日の報告者たちは準備の段階で、障害者の問題は念頭になかったのではないかと思います。もちろん、障害者の雇用についても、賃金保障についても、問題はあります。が、全社会的な意味でのセーフティネットを論じているときに、われわれは障害者雇用の問題を労働市場の問題として考えているだろうか。また考えていくべきなのか。それとも、一般労働市場の問題ではなく、「福祉の問題」を正面に据えて考えるべきではないのか。皆さんは、障害者の問題を労働市場の話に還元して議論して良いとお考えなのだろうか。私自身は自分の態度を決めかねています。

障害者賃金については、最賃法では今まで「除外」となっていたものが、「特例」となるというのが新法案ですが、いずれにしても、一般労働者の最低賃金と同水準のものをそのまま適用せよというのには無理があるのではないか。障害者という概念自体、非常に幅の広いものであり、取り扱いは難しい。一番難しいのは、失業概念でいう「労働の意思」をどう考えたらよいか。通常の健常失業者の「労働の意思」と同じようにとらえていくと、現実は空回りしてしまいます。私は、障害者の問題をセーフティネット論の中に組み込んで議論するのは無理ではないか、という個人的見解を持っています。

最後に、先ほど成川さんのほうから提起された日雇派遣のような非正規雇用の拡大についてです。登録派遣の制度自体が今日の様になっていることを放置してセーフティネットの話をするのか、ということですが、これはセーフティネット論の問題ではないと思います。そもそも、派遣労働がここまで拡大していることについて、労働市場管理の問題としてこれを容認したうえで話をするのか、それとも、近時の「連合」のように真正面から派遣制度について見直し、廃止を掲げた議論をするのか、という問題になろうかと思いますので、今日の議論のところに全部持ち込んで、それを報告者にぶつけるのは聊か酷ではないかというのが伺っていた私の感想です。

中窪（司会）　ありがとうございました。特に誰かに質問というよりは、的確なコメントをいただいたと理解していますが、何か今の菊池会員の発言について、私はこう言いたいとか、こう思うとか、ありますでしょうか。また、そのほかにも何かご質問、ご意見があればお願いします。

シンポジウムの記録

　発言がないようであれば，実は単なる感想なので内容の紹介や回答の必要はありませんと書いてあるのですが，弁護士の森井会員から3点，ご指摘がありましたので，紹介させていただきます。「第1に，最賃関係について民事的制裁，例えば付加金のようなものが必要だと思いますということ。第2に，職安関係について民間と国の違いで，職業紹介で何か過失があったとき，会社の閉鎖や倒産の場合に民間企業では逃げられる可能性があるけれども，国は逃げられないという点が違うという指摘。第3に，雇用保険について倒産のときなど離職票がなかなか交付されないことがあって，この交付を怠った場合等についての罰則をきちんと定めるべきものと思います」ということです。

　そのほか，よろしいでしょうか。はい，では時間も来ましたので，そろそろ終わりにさせていただきます。私どもは今回のテーマで報告を準備するに当たって，内容的にかなり技術的な部分もありますし，普段の労働法学会でやっているものとは少し違うフィールドでの議論になりますので，一つにはどれだけ報告ができるだろうかと心配しましたし，それを受けてどのようなシンポジウムになるのか不安に思っていました。しかし，おかげさまでいろいろなご質問をいただき，たいへん熱心に討議していただいて，ほっとしたというのが正直なところです。

　最低賃金にしても雇用保険にしてもかなり地味な分野ですが，これを機会に学会内外の関心が高まり，議論が盛り上がって大きな方向性が示され，わが国の労働者にとってのセーフティネットが一層よいものになるようなきっかけになれば幸いに思います。これでシンポジウムを終了します。長時間ありがとうございました。

（終了）

回顧と展望

改正パートタイム労働法　　　　　　　　　　　　　　　　　奥田　香子

雇用対策法の意義と問題点　　　　　　　　　　　　　　　　紺屋　博昭
　　──若年者らの就業促進および雇用機会の確保と
　　　募集採用時の年齢制限の禁止──

職種限定契約における配転命令の可否　　　　　　　　　　　佐藤　敬二
　　──東京海上日動火災保険事件・
　　　東京地判平19・3・26判時1965号3頁──

大工の負傷と労災保険法上の労働者性　　　　　　　　　　　國武　英生
　　──藤沢労基署長（大工負傷）事件・
　　　最一小判平19・6・28労判940号11頁──

労働者派遣法40条の4に基づく雇用契約申込義務　　　　　　富永　晃一
　　──松下プラズマディスプレイ（パスコ）事件・
　　　大阪地判平19・4・26労判941号5頁──

会社分割と労働契約の承継拒否　　　　　　　　　　　　　　春田吉備彦
　　──日本アイ・ビー・エム（会社分割）事件・
　　　横浜地判平19・5・29労判942号5頁──

改正パートタイム労働法

奥 田 香 子

（京都府立大学）

I　はじめに

　2007年5月25日，「短時間労働者の雇用管理の改善等に関する法律」（平成5年法律第76号）（以下，パート労働法とする）の一部を改正する法律（平成19年法律第72号）（以下，改正法とする）が成立し，同年6月1日に公布された。これに伴い，改正された施行規則及び指針[1][2]が同年10月1日付で公布・告示され，同日付で行政通達[3]が都道府県労働局長宛に通知された。改正されたパート労働法は，2008年4月1日付で施行される。

　本稿では，今回の法改正に至る経緯や背景を整理した上で，改正法の主な内容を紹介し，その意義と今後の課題について検討する。

　なお，本稿で用いる表現として，パート労働法第2条にいう「短時間労働者」[4]を「パート労働者」とし（但し，法律の条文に関わる部分は「短時間労働者」のまま記述している），労働時間は通常の労働者と同じであるが雇用管理上「パート」と位置づけられている労働者を，「呼称パート」とする。

---

1) 短時間労働者の雇用管理の改善等に関する法律施行規則の一部を改正する省令（平成19年厚生労働省令第121号）。
2) 事業主が講ずべき短時間労働者の雇用管理の改善等に関する措置等についての指針（平成19年厚生労働省告示第326号）。
3) 短時間労働者の雇用管理の改善等に関する法律の一部を改正する法律の施行について（基発第1001016号，職発第1001002号，能発第1001001号，雇児発第1001002号）。
4) パート労働法にいう「短時間労働者」とは，「1週間の所定労働時間が同一の事業所に雇用される通常の労働者（略）の1週間の所定労働時間に比し短い労働者」（第2条）である。

回顧と展望①

Ⅱ 2007年改正に至る経緯

　パート労働法は，1993年12月1日に施行された法律である。パート労働者の労働条件を改善すべきとの声を背景とした立法であったが，事業主のわずかな努力義務を定めるにとどまったことなどから，制定当初においてすでにその評価が分かれていた。

　その後，2003年に同法指針が改正された。この改正の前提には，2001年に厚生労働省に設置されたパートタイム労働研究会による最終報告（「パート労働の課題と対応の方向性」）がある。そこでは，正社員との職務の同一性を第一の判断基準としつつ，能力や成果などの要素，配置転換の有無など働き方の違いによって処遇が異なる実態に配慮した，「日本型均衡処遇ルール」という考え方が打ち出されていた。この段階ではかなり問題が具体化されていたが，方法としては結局，指針改正にとどまることになった。したがって，法律自体の大幅な改正は今回が施行以来初めてとなる。

　今回の法改正は，指針改正から3年を経た段階での再検討であることから，改正についての検討が行われた労働政策審議会雇用均等分科会（以下，分科会とする）[5]においても，使用者側委員から時期尚早である旨の意見が出されていた。しかし，次のような状況認識から，従来の対策をさらに一歩進める必要性があると判断されたものである。すなわち，①少子化社会において，若年層や世帯主であるパート労働者，基幹的役割を担うパート労働者が増加していること，②そうした中で重要性を増すパート労働者の有効な能力発揮がますます必要になっていること，③正社員への就職・転職機会の減少から非自発的パートが増加していること，さらには，④2003年の指針改正後，一定の状況改善が見られる一方で，働き方に見合った処遇がなされていない場合の不満も存在していることなどである。

　2006年12月に，このような状況認識に基づいて「今後のパートタイム労働対

5）　労働政策審議会雇用均等分科会（第61回以降）の議事録を参照（http://www.mhlw.go.jp/shingi/）。

策について」と題する分科会報告が建議され，そこで示された内容がほぼ法案に編成されて改正法に結実した。

なお，国会審議の過程で法案の内容が修正されることはなかったが，参議院厚生労働委員会（2007年5月24日）において附帯決議8項目が採択されており，それらのいくつかは指針等に反映されている。

Ⅲ 2007年改正の内容

2007年改正は，最終的に法改正という形で2003年の指針改正よりも踏み込んで行われたが，改正前の指針（以下，旧指針とする）において具体化されていた事項のいくつかが新たに法律の中で義務化されたり，あるいは努力義務のまま指針から法律内容に格上げされたりしたものも多い。

2007年改正の主な内容は，①文書交付による労働条件明示の義務化，②差別的取扱いの禁止，③均衡処遇，④通常の労働者への転換の推進，⑤待遇決定についての説明義務，⑥苦情処理・紛争解決の援助である。以下では，①～⑤についての概要を紹介する。

1 文書交付による労働条件の明示

パート労働者についても，労働条件明示義務に関する労働基準法第15条（及び同施行規則5条）が適用されるが，これに加えてパート労働法は，パート労働者の多様な労働条件設定から生じる問題に特に配慮し，労基法で義務づけられている文書交付の対象に含まれていない事項についても事業主の努力義務としてきた（6条）。

2007年改正では，指針に具体化されていた努力義務の対象事項のうち，昇給の有無，退職手当の有無，賞与の有無という3つの事項（施行規則2条1項）について文書交付による明示を義務化し（6条1項），その他については引き続き努力義務の対象とすることとなった（2条）。また，義務化された事項については，その違反に対して10万円以下の過料に処する規定が新たに設けられた（47条）。なお，文書交付による明示を基本としつつ，労働者の求めがあれば電

子メール又はファクスによる明示も可能とされている（施行規則2条2項）。

2　差別的取扱いの禁止

　第8条の差別的取扱い禁止規定は，2007年改正で新設された規定であるが，その基本的な考え方は旧指針（第2）にも示されていた。同条は，パート労働者のうち同条の定める3つの要件をすべて満たす者を「通常の労働者と同視すべき短時間労働者」とし，「短時間労働者であることを理由として，賃金の決定，教育訓練の実施，福利厚生施設の利用その他の待遇について，差別的取扱いをしてはならない。」（1項）と定めている。同条は，均等法の差別禁止規定と同様の明確な禁止規定であり，私法上の強行的規定である。

　「通常の労働者と同視すべき短時間労働者」に該当するための要件は，①「業務の内容及び当該業務に伴う責任の程度」が当該事業所に雇用される通常の労働者と同一であること（以下，要件1とする），②期間の定めのない労働契約を締結していること（以下，要件2とする），③職務の内容及び配置が当該通常の労働者の職務の内容及び配置の変更の範囲と同一の範囲で変更されると見込まれること（以下，要件3とする）である。要件3は，人材活用の仕組みや運用など（人事異動の有無や範囲）を意味する。また，要件2に関連して，同条2項は，有期労働契約であっても「反復して更新されることによって期間の定めのない労働契約と同視することが社会通念上相当と認められる」ものを含むと定めている。2項の表現は一見すると限定的であるが，通達で示されている内容は有期労働契約の雇止めに関する判例法理に沿うものとなっている。したがって，反復更新以外の判断要素（使用者の言動等）によって雇用継続への合理的期待が生じていると認められる場合も含まれると解される。

　これらの要件については，分科会の審議過程においても判断基準の明確化が求められていた。また，参議院厚生労働委員会の附帯決議でも，「その範囲が明確となるよう，判断に当たって必要となる事項等を示すこと」が要請され，これを受けて，通達に詳細な判断手順が示された。

　なお，比較対象となる「通常の労働者」という定義も明確にとらえにくい場合があり，これについても通達にその判断手順が示されている。また，その際

の基本的考え方として，法制定時は「正社員」を基本に「通常の労働者」と規定されていたことを踏まえながら，就業の多様化によって正社員の働き方が相対化されつつある中でも法をできるだけ広く適用するため，「通常の労働者」に関する現在の社会通念に沿って法の規定を解釈し直すべきとされている。

3　均衡処遇

差別的取扱い禁止規定の対象にならないパート労働者については，第９条から第11条において，賃金・教育訓練・福利厚生についての均衡処遇が定められた。これらは，旧指針においても努力義務の対象として特にあげられていた事項であるが，今改正により，実施義務や配慮義務も含めて法律に明記されることとなったものである。

(1)　賃　金

賃金に関する第９条では，まず１項で，通常の労働者との均衡を考慮し，職務の内容や成果，意欲・能力・経験等を勘案して賃金を決定することが事業主の努力義務とされている。この包括的な努力義務に加えて，２項では，第８条の３つの要件のうち，要件１を満たすパート労働者については，要件３で示された範囲が同じである一定期間について，同一の方法で賃金を決定することが努力義務とされた。

「賃金」の範囲について，旧指針では特に基本給・賞与・退職金についての均衡の考慮が求められていたが，改正法では，通勤手当や退職手当など職務の内容に密接に関連しないものを除くかたちで（施行規則３条），結果として基本給・賞与のほか職務関連の手当が対象とされることになっている。なお，施行規則第３条にいう対象外の手当についても，指針により，就業の実態や通常の労働者との均衡等を考慮して定めることが努力義務とされている。[6]

(2)　教育訓練

教育訓練に関する第10条では，第９条とは逆に，２項で均衡考慮や能力等に

---

[6] これらは，旧指針で努力義務とされていた事項で法律化されなかったものがそのまま指針に残されたのであり，法律レベルで除外された事項が指針レベルで独自に規定されたわけではない。

応じた教育訓練実施の努力義務が定められている。そして1項では，通常の労働者に対して実施している教育訓練で，職務遂行に必要な能力を付与するためのものについては，要件1を満たすパート労働者に対しても原則として実施しなければならないと定めている。

(3) 福利厚生

福利厚生に関する第11条では，すべての短時間労働者に対して利用の機会を与えるよう配慮しなければならないと定めている。その対象は，施行規則第5条で定められた「給食施設（1号）」，「休憩室（2号）」，「更衣室（3号）」の3つに限定されているが，旧指針で示されていたその他の福利厚生措置についても，改定後の指針により，就業の実態や通常の労働者との均衡等を考慮した取扱いをすることが努力義務とされている。

4 通常の労働者への転換の推進

第12条には，「通常の労働者への転換」を推進するために事業主が講じるべき措置が定められた。すなわち，事業主は，通常の労働者を募集する場合に短時間労働者にそれを周知すること（1項1号），通常の労働者の配置を新たに行う場合に短時間労働者に申し出の機会を与えること（1項2号），転換試験制度を設けること及び転換を推進するためのその他の措置を講じること（1項3号）のいずれかの措置を講じることを義務づけられる。

ここに列挙された措置は例示であり，3号の「及び」以下によってその他の措置がありうることが示されている。その他の措置については，通達により，「通常の労働者として必要な能力を取得するための教育訓練を受ける機会を確保するための必要な援助を行う等」とされている。なお，この場合，転換推進のための教育訓練でなければ本条の措置を講じたことにはならない。

5 待遇決定についての説明義務

第13条は，待遇決定について考慮した事項の説明を，労働者の求めに応じて行うべきことを定めている。この説明義務は，待遇についての納得性を高めるという目的から新たに規定されたもので，説明の対象事項は第6条から第12条

にまで及ぶ。もっとも，説明の方法や程度は明記されておらず，労働者が最終的に納得することまで求められているわけではない。したがって，労働者の納得が得られないために紛争になる場合には，第19条以下の苦情処理や紛争解決手続に移行するものと考えられている。

なお，指針（第3の3(2)）において，同条に定める説明を求めたことを理由とした不利益取扱いの禁止が定められている[7]。

IV　改正法の意義と今後の課題

2007年法改正は，1993年の法律制定時から見れば遅々とした歩みではあるものの，ようやく差別的取扱いの禁止を定める条項を盛り込んだ点に，やはり最大の意義があるといえるだろう。たしかに，第8条が適用される範囲はかなり限定的であると予想されるが，このような内容が法規定化されることにより，パート労働者ゆえに一律の低処遇ということには合理性がなく，その職務内容や意欲や成果によって公正に処遇すべきという考え方が示されたことは重要である。この点では，今後も多くのパート労働者に適用される「均衡処遇」の努力義務についても，部分的ながら法規定化されたことには意味があるだろう。

しかし他方で，今回の改正にも多くの課題が残されていることは否定できない。新たな改正点にかかわる個々の論点には触れる余裕がないので，ここでは次の2点のみを指摘しておきたい。

第1に，法内容の理解の難しさである。すでに述べたように，「通常の労働者」や「通常の労働者と同視すべき短時間労働者」というキー概念の理解や判断は，通達による判断手順を詳細に見なければ理解することはできず，あるいはそれを見たとしても，現場で具体的ケースにこれを適用して判断することは決して容易ではないだろう。なお，法律（14条）に明示された指針ではなく，行政通達に多くが委ねられていることの問題性もあるだろう。

---

[7] 同様に，第7条に定める過半数代表者であること若しくはなろうとしたこと，又は過半数代表者として正当な行為をしたことを理由とした不利益取扱いの禁止も定められている（指針第3の3(1)）。

回顧と展望①

　筆者は，パート労働に関する均等待遇についての法規制は必要であるが，法規制によるべき範囲には適切性及び可能性の両面から一定の限界もあるので，企業内での具体的適用には労使の交渉によるルール設定が欠かせないと考えている[8]。したがって，行政による周知徹底のみでなく，法に定められた枠組みに基づいて労使がどれだけ積極的にルール設定を行うかが重要になってくると思われる。

　なお，改正法には具体化に関する手続的ルールが整備されておらず，法の適用にあたっていかなる措置を講じるかは事業主の判断に委ねられている。実体的判断が難しい側面が多いことからしても，具体化の段階で労使交渉を促すような手続的ルールを組み込むことも検討されるべきであろう。

　第2に，パート労働法の対象と，呼称パートを含むいわゆる日本的「パート」との乖離を挙げることができる。この点は，以前から指摘され続けている根本的な問題であると同時に，改正されたパート労働法が実効的であるために，すなわち，労働時間を同じにすることによって差別的取扱い禁止規定の適用を回避するようなことにならないためにも重要な意味を持つ。

　パート労働法を「短時間労働」のパート労働者に適用する法律として位置づけることは，本来のあり方として問題はない。しかしそれは，フルタイムの「呼称パート」に対する同様の措置をとることによってでなければ，日本的「パート」への対策とはなりえない。いうまでもなく，日本的「パート」に対する低処遇ないし一律処遇は「短時間労働」であることによるものではなく，雇用管理上の身分によるものだからである。それゆえ，改正パート労働法がめざす，一律処遇ではなく職務内容や意欲や成果などに基づく公正な処遇という考え方は，呼称パートも含めた日本的「パート」のすべてにあてはまる。

　この問題については，立法過程においても多くの指摘があったが，最終的には，附帯決議に，「いわゆるフルタイムパート（所定労働時間が通常の労働者と同じである有期契約労働者）についても本法の趣旨が考慮されるべきであること」が盛りこまれ，指針（第2の3）にその旨が記されるにとどまった。

---

8) 拙稿「パート労働の将来像と法政策」西谷敏他編『転換期労働法の課題』（旬報社，2003年）351頁以下。

改正法は附則第7条において，3年経過後の検討を定めている。その際には，日本の非正規労働者の処遇の低さが何によって生じているかを改めて整理しつつ，より広い均等待遇政策の一環として，パート労働法自体の構造も含めて今後の展開を再検討する必要があるだろう。

（おくだ　かおこ）

雇用対策法の意義と問題点
―― 若年者らの就業促進および雇用機会の確保と
募集採用時の年齢制限の禁止 ――

紺 屋 博 昭

(弘前大学)

I　はじめに

　2007年の第166回通常国会は労働関連法案の提出が相次ぎ，「労働国会」と称されたのは記憶に新しいところだろう。日本労働法学会の主な関心は労働契約法案の審議過程にあったと思われるが，同法案と労働基準法および最低賃金法の改正案の可決は次会へ持ち越し，同国会で成立を見たのは雇用保険法，パート労働法，そして雇用対策法および地域雇用開発促進法の各改正法案だった。
　この雇用対策法および地域雇用開発促進法の一部を改正する法律（平成19年法律第79号）の施行によって，2007年10月より事業主は労働者の募集および採用に際して〈年齢差別〉を禁じられることになった。両法の改正趣旨は少子高齢化の進行と労働力の確保の観点から，青少年，女性，高年齢者，それに外国人らの就業の実現と雇用機会の保障を目指すことにある[1]。その具体策の一つが募集採用時の応募者への年齢制限の禁止という訳である。
　本稿では，特に年齢制限の禁止規定の創設と若年者の就業促進の関係に着目して，このたびの改正雇用対策法の立法経緯を確認し，年齢制限禁止規定の雇

---

[1] このたびの雇用対策法の改正に関する解説およびレビューとして，柳澤武「新しい雇用対策法制――人口減少社会における年齢差別の禁止――」季刊労働法第218号（2007年）110頁，川口俊徳「法令解説　人口減少化における就業の促進――青少年の応募機会の拡大，募集・採用に係る年齢制限の禁止の義務化等――雇用対策法及び地域雇用開発促進法の一部を改正する法律」時の法令1797号（2007年）6頁，渡部昌平「省令等で明らかになった改正雇用対策法の実務　募集・採用時の年齢制限の原則禁止と外国人雇用状況の届出義務化への対応」ビジネスガイド第661号（2007年）18頁をさしあたり参照のこと。

用政策上の機能と，事業主が行う労働者の募集および採用活動に関する影響を検討する。[2]

II 年齢制限の禁止に関する審議経過

　2006年8月24日の労働政策審議会職業安定分科会と，同年9月27日の同雇用対策基本問題部会のあたりから，「少子減少化における雇用対策の検討」と題する雇用対策法等の改正議論が始められた。[3] 厚生労働省のデザインは内閣府の「骨太の方針2006」等で示された複線型採用，すなわち新卒者以外に広く募集採用の門戸を広げるべく，若者の再就職および再雇用を支援する政策を実現することだった。その素案は2003年にすでに規定された雇用対策法第7条の事業主の責務である「労働者の募集採用時の年齢制限の是正努力義務」を見直し，加えて若者の能力および経験を正しく評価し，採用機会を拡大するための指針を国が定めるというものだ。[4]

　同条については当時の中高年齢者の再就職をめぐる実態等を考慮し，事業主が講ずべき措置について同2001年に指針が示されていたが，[5] この中高年向け7

---

2) いわゆる年齢差別の禁止に関する研究として，柳澤・前掲注1)のほか，同『雇用における年齢差別の法理』（成文堂，2006年），濱口桂一郎「年齢差別」法律時報第980号（2007年）53頁，櫻庭涼子「年齢差別禁止の差別法理としての特質──比較法的考察から得られるもの──(1)─(5・完)」法学協会雑誌第121巻第12号1999頁，第122巻3号267頁，同5号732頁，同6号987頁，同9号1477頁（2004年～2005年）を参照のこと。なお，紙幅の都合上，改正雇用対策法で事業主に義務付けられた外国人雇用届出義務や，廃止された雇用対策基本計画の問題，それに地域雇用開発促進法による地方自治体等の地域雇用計画の策定と助成等については，本稿での検討を省略した。

3) 同省における審議会等の審議経過については，「厚生労働省HP審議会，研究会等」〈http://www.mhlw.go.jp/shingi/index.html〉掲載の下部ディレクトリ各審議会情報および議事録等を参照のこと。

4) 改正前（2003年法）第7条および関連条文の規定振りは次の通りである。
　　第7条　事業主は労働者がその有する能力を有効に発揮するために必要であると認められるときは，労働者の募集及び採用について，その年齢にかかわりなく均等な機会を与えるよう努めなければならない。
　　第12条　厚生労働大臣は，第7条に定める事項に関し，事業主が適切に対処するために必要な指針を定め，これを公表するものとする。

5) 「労働者の募集および採用について年齢にかかわりなく均等な機会を与えることについ

回顧と展望②

条の規定を若者向けに改め，おおむね34歳以下の若者の再チャレンジを促進しようというのが同省の意図である。上記部会はこの問題を含めて雇用対策法改正部分について総論的な議論を重ね，2006年末までに労働政策審議会としての建議案をまとめる役割を果たした。この過程で年齢制限の規定ぶりそのものについて深い議論は生じなかったものの，国会提出前の与党審査や与党実務者協議を通じて，結局年齢制限の禁止規定は改正法案に明文で盛り込まれることが確認された。[6]

　2007年2月に改正法案は政府案として国会に上程され，衆院厚生労働委員会では，対案となる民主党議員提出の雇用基本法案等と一括審議された。政府案の年齢制限規制の実効性，企業の採用活動の自由との整合性，それに公務員の適用除外の当否等の細部が質疑の対象となったが，4月末には同委員会および衆議院本会議を通過し，続けて参議院厚生労働委員会および本会議を6月初め

↗て事業主が適切に対処するための指針」（平成13年厚生労働省告示第295号）の第三には，年齢制限の除外事項として以下の10ケースが列挙されていた。
  1　新規学卒者を募集および採用する場合
  2　技能・ノウハウ等の継承の観点から，労働者の年齢構成を維持・回復させる場合
  3　定年年齢との関係から雇用期間が短期に限定される場合
  4　既に働いている他の労働者の賃金額に変更を生じさせることになる就業規則の変更を要する場合
  5　商品やサービスの特性により顧客等との関係から業務を円滑に遂行する要請がある場合
  6　芸術・芸能の分野における表現の真実性等の要請がある場合
  7　労働災害の防止の観点から特に考慮する必要がある場合
  8　体力，視力等加齢に伴い機能が低下するものが採用後の勤務期間を通じ一定水準以上であることが不可欠な業務の場合
  9　行政の施策を踏まえて中高年齢者の募集及び採用を行う場合
  10　労働基準法等法令の規定により年齢制限が設けられている場合
　これらの例外規定に関する解説と論評については，大原利夫「募集・採用時における年齢制限緩和の努力義務」日本労働法学会誌第99号（2002年）154頁，山下昇「検討　募集・採用における年齢制限緩和と中高年齢者の再就職促進」労働法律旬報第1525号（2002年）21頁，森戸秀幸「雇用政策としての『年齢差別禁止』――『雇用における差別禁止法』の検討を基礎として――」清家篤編著『生涯現役時代の雇用政策』（日本評論社，2001年）126頁を参照のこと。
6 ）「求人の年齢制限禁止へ――与党，実効性には課題」共同通信2007年1月24日（*available at* http://www.47news.jp/CN/200701/CN2007012401000647.html (last visited 22/11/2007))。

に通過，法案成立となった。なお参議院では附帯決議を受け，法律の施行にあたり年齢制限の許容事例については必要最低限であるよう注文がついた。

その後，2007年6月下旬から再び労働政策審議会職業安定分科会と同雇用対策基本問題部会にて指針等の具体化について検討が進められ，日本型雇用システムにおける企業の採用活動との整合や，年齢以外の属性判断基準の妥当性，それに改正法の実効性と私法効果への影響などが議論された後，関係政省令の内容が確定することになった。これら年齢制限に関する規定は2007年10月1日から施行となる。

Ⅲ　新規定の内容と行政の対応

1　新規定の内容

新たな雇用対策法第10条の規定は「事業主は，労働者がその有する能力を有効に発揮するために必要であると認められるときとして厚生労働省令で定めるときは，労働者の募集及び採用について，厚生労働省令で定めるところにより，その年齢にかかわりなく均等な機会を与えなければならない」となった。

これを受けて同法施行規則第1条の3第1項各号以下では，「厚生労働省で定めるとき」としての例外規定を挙げる。第1号　定年年齢を上限として，当該年齢以下の求職者を期間の定めのない雇用契約の対象とする場合，第2号

7）　雇用対策関連法案と年齢制限規定の審議に関して，衆議院厚生労働委員会および同本会議については「衆議院HP会議録」〈http://www.shugiin.go.jp/index.nsf/html/index_kaigiroku.htm〉，参議院厚生労働委員会および同本会議の審議内容については「国会会議録検索システム」HP〈http://kokkai.ndl.go.jp/〉を参照のこと。

8）　雇用対策法及び地域雇用開発促進法の一部を改正する法律案に対する附帯決議
（中略）
　　五，労働者の募集及び採用に係る年齢制限の禁止の義務化に当たり，事業主等への周知徹底に努めるとともに，真に実効性あるものとなるよう，従来，例外的に年齢制限が認められる場合として指針に定められてきた事項を抜本的に見直し，必要最小限に限定すること。また，国家公務員及び地方公務員についても，民間事業主への義務化を踏まえ，本改正の理念の具体化に向け適切な対応を図ること。

9）　改正法と政省令の詳細については，「厚生労働省HP改正雇用対策法・地域雇用開発促進法関連資料」〈http://www.mhlw.go.jp/bunya/koyou/other16/siryou.html〉を参照のこと。

労働基準法等法令の規定により年齢制限が設けられている場合，第3号イ　長期勤続によるキャリア形成を図る観点から若年者を対象にする場合，同ロ　技能・ノウハウ等の継承の観点から特定の職種において労働者数が相当程度少ない特定の年齢層に限定する場合，同ハ　芸術・芸能の分野における表現の真実性等の要請がある場合，同ニ　60歳以上の高年齢者又は特定の年齢層の雇用を促進する施策の対象となる者に限定する場合，である。なお，上記ロについては，特定の職種の具体性，特定の年齢層，それに相当程度の少なさに関する基準が別に示されている。[10]

　また同条第2項は，事業主が法第10条に基づいて行う募集および採用に関して，その職務の内容，職務遂行に必要な労働者の適性，能力，経験，技能その他の事項を出来る限り明示するよう定めている。

　これら規定を通じて，国は労働者の募集および採用時に年齢を原則として不問にするよう事業主に義務付け，規定に反して募集および採用を行おうとする事業主には新第32条が定める助言，指導または勧告を行う。

　特に若年者の募集および採用について，雇用対策法の新第7条は「事業主は，青少年が将来の産業および社会を担う者であることにかんがみ，その有する能力を正当に評価するための募集及び採用の方法の改善その他の雇用管理の改善並びに実践的な職業能力の開発及び向上を図るために必要な措置を講ずることにより，その雇用機会の確保等が図られるように努めなければならない」と規定している。これについて新しい指針では，事業主が青少年の募集および採用にあたり人物本位による正当な評価を行うよう，募集時に業務内容や職場で求められる能力その他に関する情報を明示し，また学校既卒者が新規学卒者採用枠に広く応募できるよう年齢上限を考慮し，かつ通年採用や秋季採用の導入を積極的に検討するよう努力を求める旨を示している。[11]

---

10)　雇用対策法施行規則第1条の3第1項第3号ロの規定に基づき厚生労働大臣が定める条件（平成19年厚生労働省告示第278号）。「特定の職種」については厚生労働省『職業分類』小分類もしくは細分類または総務省『職業分類』小分類を参考にすること，「特定の年齢層」については30歳から49歳のうちの特定の5歳から10歳幅の年齢層とすること，「相当程度少ない」とは同じ年齢幅の上下の年齢層と比較して2分の1以下の場合であることが定められている。

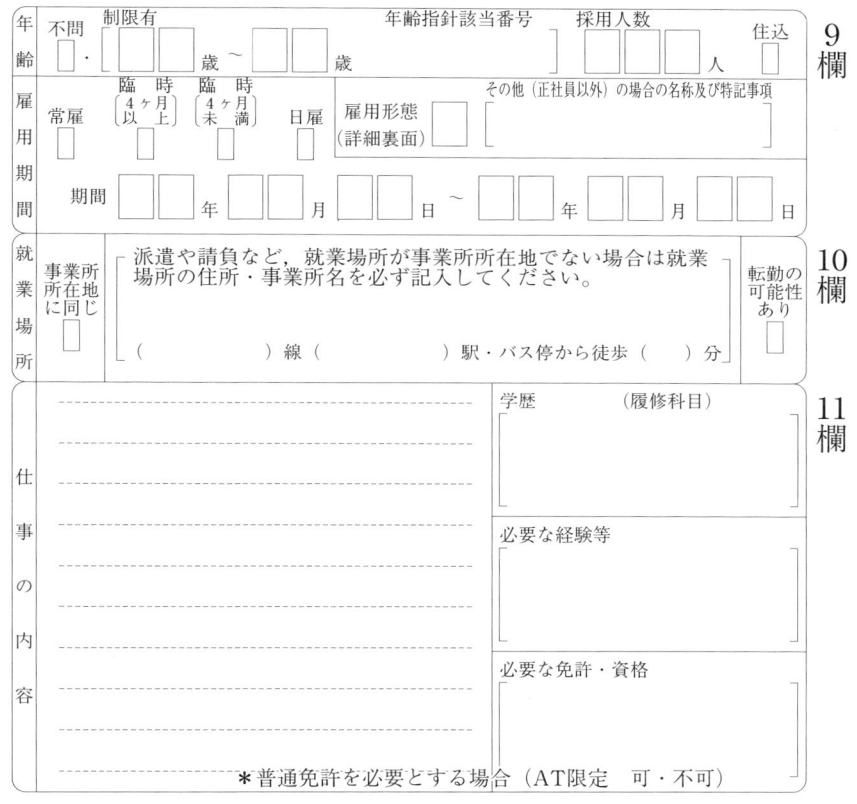

【図1】 求人申込書の年齢欄（9欄）と仕事の内容欄（11欄）

（図省略：年齢欄（9欄）、雇用期間、就業場所（10欄）、仕事の内容（11欄）からなる求人申込書の様式）

年齢制限の設定はハローワークでチェックされる。いわゆる6項目に該当する年齢制限求人の場合であってもなくても，職務内容や必要な就業能力等を極力記載するスペースは仕事の内容欄（11欄）しかない。

2　行政の対応

　職業安定行政は，2004年改正の高年齢者雇用安定法第18条の2を通じて，一定の年齢（65歳以下のものに限る）を下回ることを条件とする労働者の募集・採用については事業主にその理由を求め，場合に応じて助言，指導および勧告等

---

11)　「青少年の雇用機会の確保等に関して事業主が適切に対処するための指針」（平成19年厚生労働省告示第275号）。

を行う体制をすでに整えている。事業主が公共職業安定所に求人申込票を提出する際に年齢制限を設定した場合，当局の様式等に従ってその制限理由を求められる。理由を明らかにできなければ年齢不問求人とされるか，行政の判断で不受理ないし内部留保という扱いを受ける。[12]もっとも公共職業安定所を通じない求人広告等や口頭での募集・採用には対応が及ばず，求職者の求めがあれば書面等で制限理由を事業主が示すよう決められていたに過ぎない。[13]

今回の法改正により，職業安定行政はこれまでの高年齢者雇用安定法の規定とあわせて，事業主の求人内容に対する事前規制を強める。新たな例外規定について職業安定行政は詳細な具体例をそれぞれ掲げ，年齢制限を設定するための合理的理由を例示している。[14]「定年年齢を上限として，当該年齢以下の求職者を期間の定めのない雇用契約の対象とする場合」なら，「60歳未満の方を募集（定年が60歳）」を可とするが，「40歳以上60歳未満の方を募集（定年が60歳）」「□□業務の習熟に2年間必要なため，58歳以下の方を募集（定年が60歳）」といった年齢制限の設定は禁じられるという具合である。

例外事由に該当しない場合は，年齢不問とするのが事業主の義務である。当局は事業主の募集および採用の便宜と関係諸規定の周知のために，職務内容や職務遂行に必要な適性，能力，技能，経験等を明示するよう具体例を同様に示している。[15]「長距離トラックの運転手として，45歳以下の方を募集」はNGであり，「長時間トラックを運転して，札幌から大阪までを定期的に往復し，重い荷物（□□kg程度）を上げ下ろしする業務であり，この業務を継続していくためには持久力と筋力が必要である」が正しい募集の仕方だという。

職業安定行政は，安定所を通さないで職業紹介事業者や求人広告を用いた労働者の募集および採用にも，年齢不問求人と年齢制限の理由明示を徹底するため，広く事業主に資料の提出や説明を求め指導を行うとしている。

---

12) 職業安定法第5条の5。
13) 高年齢者の雇用の安定等に関する法律施行規則第6条の5。
14) 厚生労働省リーフレット「事業主の皆様へ 働く意欲，能力重視で企業力Up」（平成19年8月30日版, *available at* http://www.mhlw.go.jp/topics/2007/08/dl/tp0831-1a.pdf（last visited 22/11/2007））。
15) 同上。

若年者の募集および採用の機会確保について，例えば「来年3月卒業予定の方を募集」は年齢制限に該当しないというのが当局の姿勢である。だが，新指針に基づき，新規学卒者以外の若年者に門戸を広げるよう事業主に対して啓発を図るという[16]。

IV　〈年齢差別〉禁止の雇用政策とその影響

　事業主に禁じられた募集および採用時の年齢設定。均等機会の確保という事業主への強い要請は，雇用対策法の目的に加えられた「労働市場の機能の適切な発揮」と，従来からの目的である「労働者の職業安定のための事業主の努力の助長」に根拠を持つものと解される[17]。同法の新しい雇用対策のインデックスは増え，国は多様な労働者像にあわせた職業能力開発と就業促進の充実のための施策を講じる[18]。労働者の能力発揮の妨げとなる雇用慣行の是正も施策の一つだ[19]。あわせて事業主には青少年の雇用確保と外国人の雇用支援に関する責務も明示された[20]。これらを括るかのように，改正雇用対策法では事業主の募集および採用時の年齢設定の禁止が規定されている。

　この禁止規定は，他方で募集および採用の際に年齢以外の就業内容や就業に必要な能力に関する情報公開と明示を，事業主に事実上義務付けることになる。実質的な根拠は上記諸規定のほか，同法の目的規定に掲げられた「事業主の雇用の管理についての自主性の尊重」に関連するとの解釈が可能であろう。

　しかし新しい雇用対策法を詳細に見れば，立法過程で持ち出された内容と異なる構造が浮き彫りになる。新卒者以外の年長フリーターやらロストジェネレーションやらといった若者のために，募集採用の門戸を広げるべく事業主に

---

16)　同上。
17)　雇用対策法第1条。
18)　同法第4条第1項各号規定参照。
19)　同条第2項。
20)　旧法で規定された事業規模の縮小による労働者の離職後の再就職活動への援助（旧法第6条，改正後も規定内容はほぼ同様）のほか，事業主はあらたに外国人の雇用報告（第7条）と，本文で触れた青少年の雇用機会確保の努力（第8条）が義務付けられる。

年齢制限を禁じたとの規定振りにはなっていない。同法施行規則が長期勤続によるキャリア形成や，技能・ノウハウの継承に支障が生じている従業員年齢構成の解決に向けて，若年者の募集・採用のための例外規定を設けたことが，どうやらこの問題の形式的な決着点であるかのように思われる。

とはいえ新しい規定は，従来の除外事項を大幅に減らし[21]，募集および採用時という限定と少々の例外規定は備わるものの，〈年齢差別〉の禁止という強い規制力を徐々に発揮する筈である。現在はまだ職業安定法や高年齢者雇用安定法等と機能を分け合い，行政の実効力を担保している状態だろう。だが小さく作って大きく育てる労働立法のこれまでの特徴を考えれば，雇用対策法にひとたび定められた以上，今後は関連する雇用政策諸法制との整合と体系化，そして関係行政機関の組織化等が予想される。

雇用政策諸法制が形成する公法秩序が，契約ルールに直接どう効果をもたらすかという難問も別に控えている。

V　おわりに

当局は募集と採用に関する情報開示を促すものの，事業主は多くの求職者を集めてセレクションするための釣り書きを施したいのが正直なところ。少人数で短期の非正規雇用に，職務遂行上必要な適性，能力，技能，経験等を詳細に記して募集を行うのは面倒であろう。

他方，求職者らは，募集と採用の場で年齢差別を受けたと感じた場合，どのような法的救済が期待できるのか関心を持つところだ。

求人募集に対する求職者の応募は事実行為としか解されておらず，もとより公共職業安定所等を介さない事業主らの求人も事実行為に過ぎない。事業主らの求人広告には経済取引法等の規制が及ばない現状では，採用に至らない場合の求人内容および態様，そして年齢を理由とする不採用は当局が扱える法律問題ではなく[22]，現状では不法行為理論による事案処理を図るほか無かろう。差別

---

21)　前掲注5）参照。
22)　個別労働関係紛争の解決の促進に関する法律第5条第1項。

され不採用になった紛争事案を，当事者間の労働契約を前提に法律構成を試み，採用ないし契約の存在を結論するには高いハードルがある。それゆえの事前の紛争防止のルールが新第10条なのかも知れない。

　2001年雇用対策法で規定された年齢制限緩和の努力義務によって，公共職業安定所で受理する年齢不問求人は半数を超えるという。だが，そこで求職者たちはいまでも年齢ゾーンを手がかりに求人端末をのぞいている。安定所職員らが受理し，求人開拓にも用いる求人申込書は，職務内容や職務遂行に必要な適性，能力，技能，経験等を詳細に書き込むにはわずかな区分欄しか設けられていない（【図1】）。今回の法改正が職業安定行政の「点数稼ぎ」に終始しないよう，窓口指導や周知啓蒙活動を通じて事業主の正しい法令理解と，再チャレンジに賭ける若年者にフェアな求人および採用が果たされるよう期待したい。

（こんや　ひろあき）

職種限定契約における配転命令の可否
──東京海上日動火災保険事件・東京地判平19・3・26
判時1965号3頁──

佐 藤 敬 二
（立命館大学）

I 事実の概要

　X（原告）は，損害保険業等を目的とするY社（被告）において，損害保険の契約募集等に従事する外勤の正規従業員である「契約係社員」（リスクアドバイザー，以下，RA）である。RAは，専属・専業で強い販売力を有し，グループ全体のリテール戦略を担う存在とY社により位置づけられており，内勤社員とは異なって賃金体系は個々の業績が強く反映する構造となっていた。さらに，転勤がないものとして募集・採用手続きが行われており，内勤社員への転換制度もなく，またXらの志望動機も転勤がないことや地域との結びつきを挙げており，現に業務内容も顧客との個人的信頼を基礎にしていた。Y社は，総資産及び経常利益において業界一位の企業であり，RAには，内勤従業員とは別の就業規則を適用し，そこでは「会社は業務の都合により，従業員に配置転換，勤務の異動または出向を命ずることができる」としていた。

　Y社は平成17年10月に，RA制度を平成19年7月までに廃止すること，廃止後，RAは退職して代理店を開業するか，職種変更して継続雇用されるか，退職して新しい仕事を自己開拓するかを選択すること，退職する場合には支援金を支払う，という方針を提案・通知した。RA制度廃止は，業界を取り巻く環境が厳しくなるおそれが指摘される中，損害保険販売の各手段別に効率性を算定し，RAの効率性が悪く収支均衡を図ることが困難であること，希望退職を募ることでは抜本的解決となりえないこと理由としていた。継続雇用された場合，変更後の職種も損害保険に関する業務ではあるが，収入は減額される可能

性が高いものであった。多数派組合とは廃止を前提とした処遇につき合意が成立したが，廃止自体についての協議を求めたXらの所属する少数派組合との間では合意は成立しなかった。そこでXが，自らの労働契約が職種限定契約であり，RA制度の廃止は労働契約に違反し労働条件を不利益に変更する無効なものであると主張して，平成19年7月以降もRAの地位にあることの確認を求めた。

II 判　旨

「将来の法律関係であっても，発生することが確実視できるような場合にまで，確認の訴えを否定するのは相当ではな」く，「現時点におけるYの言動や態度から，Xらの権利者としての地位に対する危険が現実化することが確実であると認められる場合には」即時確定の利益を肯定するのが相当であるので，確認の利益を認めることができる。

「RAの業務内容，勤務形態及び給与体系には，他の内勤職員とは異なる職種としての特殊性及び独自性が存在し，そのためYは，RAという職種及び勤務地を限定して労働者を募集し，それに応じた者と契約係特別社員としての労働契約を締結し，正社員への登用にあたっても，職種及び勤務地の限定の合意は，正社員としての労働契約に黙示的に引き継がれたものと見ることができる。それゆえ，YとXらRAとの間の労働契約は，Xらの職務をRAとしての職務に限定する合意を伴うものと認めるのが相当である。」

「労働者と使用者との間の労働契約関係が継続的に展開される過程をみてみると，社会情勢の変動に伴う経営事情により当該職種を廃止せざるを得なくなるなど，当該職種に就いている労働者をやむなく他職種に配転する必要性が生じるような事態が起こることも否定し難い現実である。このような場合に，労働者の個別の同意がない以上，使用者が他職種への配転を命ずることができないとすることは，あまりにも非現実的であり，労働契約を締結した当事者の合理的意思に合致するものとはいえない。そのような場合には，職種限定の合意を伴う労働契約関係にある場合でも，採用経緯と当該職種の内容，使用者にお

ける職種変更の必要性の有無及びその程度，変更後の業務内容の相当性，他職種への配転による労働者の不利益の有無及び程度，それを補うだけの代償措置又は労働条件の改善の有無等を考慮し，他職種への配転を命ずるについて正当な理由があるとの特段の事情が認められる場合には，当該他職種への配転を有効と認めるのが相当である。」本件は，「YがRA制度を廃止してXらを他職種へ配転することに，経営政策上，首肯しうる高度の合理的な必要性があること及び他職種の業務内容は不適当ではないことが認められる。しかし，他方で，RA制度の廃止によりXらの被る不利益は，……職種限定の労働契約を締結した重要な要素である転勤のないことについて保障がなく，……大幅な減収となることが見込まれる。そうだとすると，YがXらに提示した新たな労働条件の内容をもってしては，RA制度を廃止してXらの職種を変更することにつき正当性があるとの立証は未だされているとはいえない」ので，請求を認容する。

III 検　　　討

　本判決は争点として，(1)「平成19年7月1日以降のXらのRAとしての地位」の確認の利益の有無，(2)XらとYとの間の労働契約は，XらがRAとしての職務に従事することを内容とする職種限定契約であると認められるか否か，(3)RA制度を廃止し，XらをRAから他職種へ職種変更することについての正当性の有無，を設定している。本稿では(2)と(3)の争点に限定して検討したい[1]。

1　職種限定契約の認定方法

　最高裁は，日産自動車村山工場事件判決において[2]，配転にあたって労働者と

---

[1] 確認の利益については，拙稿「配転無効確認訴訟中の解雇通告につき，地位確認請求を為すことの要否」法学教室133号（1991年）102頁以下において，確認の利益は究極的には即時確定の必要性によって判断されるべきであり，とりわけ配転事例においては即時確定の利益を厳密に考えることは不適当である，と論じている。

[2] 日産自動車村山工場事件・最一小判平1.12.7労判554号6頁。判決の検討としては，拙稿「熟練労働者の職種変更と労働契約上の職種の特定」労旬1261号（1991年）17頁以下。

の個別合意が必要な場合を,「(当該職種)以外の職種には一切就かせないという趣旨の職種限定の合意」のある場合との判断基準を設定した原審を是認しており,これは,「職種変更の配転」について「勤務地変更の配転」に関する東亜ペイント事件最高裁判決[3]の枠組を適用したものと理解されている。その後,九州朝日放送事件判決[4]においても,同様の枠組によって判断した原審判決を是認している。他方で,直源会相模原南病院事件判決[5]においては,業務内容をもとにして職を系統化して配転は系統内職種に限定されていると解した原審を認める結論となっている。

日産自動車村山工場事件最高裁判決以降の下級審判決をみると,職種限定契約の認定については以下のような判断となっている。まず,職種限定を認めた判断としては,(1)募集・採用の経緯から特定があったとされるもの[6]と,(2)それに加えて,専門性の高いことを挙げるもの[7]がある。裁判例の中には,就業規則の配転条項について,職種が限定された労働者を配転できる根拠とはならないと明示しているものもある[8]。次に,職種限定を否定した判断としては,(1)募集・採用の経緯から職種限定の合意がみられないことや先例のあること(あるいは限定する慣行のないこと)を挙げるもの[9],(2)(1)に加えて,専門性の高くない

---

3) 東亜ペイント事件・最二小判昭61. 7.14労判477号6頁。
4) 九州朝日放送事件・最一小判平10. 9.10労判757号20頁。
5) 直源会相模原南病院事件・最二小決平11. 6.11労判773号20頁。
6) ②大京事件・大阪地判平16. 1.23労働経済判例速報1864号21頁,③古賀タクシー事件・福岡地判平11. 3.24労判757号31頁,④直源会相模原南病院事件・東京高判平10.12.10労判761号118頁,⑤ヤマトセキュリティ事件・大阪地決平 9. 6.10労判720号55頁,⑩大成会福岡記念病院事件・福岡地決昭58. 2.24労判404号25頁。
7) ①東武スポーツ事件・宇都宮地決平18.12.28労判932号14頁,⑥学校法人東邦大学事件・東京地判平10. 9.21労判753号53頁,⑦福井工業大学事件・福井地判昭62. 3.27労判494号54頁,⑧エア・インディア事件・東京地判平 4. 2.27労判608号15頁,⑨アール・エル・ラジオ日本事件・東京高判昭58. 5.25労民集34巻3号441頁。
8) ③,⑩判決。
9) ⑪NTT東日本事件・札幌地判平18. 9.29労判928号37頁,⑬ノースウェスト航空事件・千葉地判平18. 4.27労判921号57頁,⑰日本レストランシステム事件・大阪地判平16. 1.23労判873号59頁,㉑日本経済新聞社事件・東京高判平14. 9.24労判844号87頁,東京地判平14. 3.25労判827号91頁,㉒日経ビーピー事件・東京地判平14. 4.22労判830号52頁,㉓合食事件・東京地判平11.11.19労働経済判例速報1743号11頁,㉔古賀タクシー事件・福岡高判平11.11. 2労判790号76頁,㉕上州屋事件・東京地判平11.10.29 ↗

ことを挙げるもの[10]，(3)(1)に加えて長期雇用が前提とされていることを挙げるもの[11]，がある。就業規則の配転条項については，日産自動車村山工場事件第一審判決のように，それを根拠として配転合意を導き出している判断は少なく，採用時の合意内容を推測する一要素として扱っているが，配転条項を排除する明示の合意を要求していたり，誓約書の提出などによって合意があったと認定していたりする[12]。配転前の旧職が廃止ないし縮小される事案についても，職種限定契約の成立や権利濫用を認めた裁判例も出されている[13]。

それに対して学説は，最高裁判所が是認している職種限定契約の判断につき，最高度の限定水準であって職種限定合意をほとんど認定できないこととなり，またそのように解する論拠も明らかでない[14]，また職種限定を判断するための要素についても，当事者の予見しえない事態，就業規則の配転条項や「時代の一般的趨勢」をもとに当事者の合意の存在を認めることは契約解釈の限界を越えている[15]等として批判するものが大半である。さらに，近時の裁判例では職種限定合意を推測する要素として，高度の専門性を要求する傾向にあることに対しても，資格の特殊性に目を向けるべきであることが指摘されている[16]。

／労判774号12頁，㉗ソニーマーケティング事件・大阪地決平10．4．27労働経済判例速報1676号8頁，㉘JR西日本事件・大阪地決平7．12．28労判691号68頁，㉙東海旅客鉄道事件・大阪地決平6．12．26労判672号30頁，㉚マリンクロットメディカル事件・東京地決平7．3．31労判680号75頁。

10) ⑭大阪医科大学事件・大阪地判平17．9．1労判906号70頁，⑮菅原学園事件・さいたま地川越支判平17．6．30労判901号50頁，⑯藤田観光事件・東京地判平16．11．15労判886号30頁，⑱東京サレジオ事件・東京高判平15．9．24労判864号34頁，東京地八王子支判平15．3．24労判864号42頁，⑳目黒電機製造事件・東京地判平14．9．30労働経済判例速報1826号3頁，㉖九州朝日放送事件・福岡高判平8．7．30労判757号21頁，㉛少年写真新聞社（第一）事件・東京地決平7．1．26労判676号84頁，㉜少年写真新聞社（第二）事件・東京地決平7．1．26労判676号90頁。

11) ⑫精電舎事件・東京地判平18．7．14労判922号34頁，⑭大阪医科大学事件・大阪地判平17．9．1労判906号70頁，⑲名古屋港水族館事件・名古屋地判平15．6．20労判865号69頁。

12) 前者が⑬判決，後者は㉒判決など。

13) ①，⑩，⑪判決。

14) たとえば，野田進「労働者の職種換え配転と権利の濫用」ジュリスト1276号（2004年）163頁以下。

15) 片岡曻『労働法理論の継承と発展』（有斐閣，2001年）229頁。

2 職種限定契約のもとでの配転命令の拘束力

本判決は，職種限定契約の場合には，原則として配転には労働者との合意が必要であると考えており，その旨を明示する裁判例も多い。そこでは，労働者との合意のないことから配転命令の拘束力を否定する裁判例が多いが，拘束力の有する可能性を認める裁判例もみられる。認める場合としてはたとえば，(1)労働者の同意権の濫用，あるいは同意しないことが信義則違反と認められ場合を挙げるもの[17]，(2)高度の合理性のある場合を挙げるもの[18]，(3)長期雇用を前提とした場合には当初の職種限定合意に影響があるとするもの[19]，がある。

学説としては以下のものが示されている。(1)継続雇用ができなくなった場合には，整理解雇の要件を満たさなくとも解雇することができると解するもの[20]，(2)契約内容の変更を申し入れざるをえない特段の事情のあるときに，労働者がそれを拒否することに対して，信義誠実義務違反の問題が生じるとするもの[21]，(3)長期雇用を前提とした採用の場合には，当分の間は職種が限定されているが，長期間のうちには他職種に配転されることの合意が成立していると解するもの[22]，(4)契約内容の変更には労働者のその都度の合意が必要であり，合意内容を変更

---

16) 小西啓文「よくわかる！労働判例ポイント解説(２)東京サレジオ学園事件」労働法学研究会会報2333号（2004年）43頁。
17) ③判決は，「労働者に配置転換を命じることに強い合理性が認められ，労働者が配置転換に同意しないことが同意権の濫用と認められる場合」とし，⑩判決は，「使用者が経営上の合理性に基き一定の部署ないし職種を廃止することを必要とする場合において，右措置に伴い必然的に生ずる剰員につき解雇の方途を選ばずあえて配転を命ずることにした場合に当該労働者がこれに応諾しないことが労働契約上の信義に反すると認められる特段の事情があるとき」とする。⑩判決は，後述の変更解約告知の枠組とも類似している。
18) ④判決は，業務上の特段の必要性及び当該従業員を移動させるべき特段の合理性があり，かつこれらの点についての十分な説明がなされた場合とする。
19) ⑧判決は，職種限定は若年定年制を前提としており，定年延長に伴って職種限定の合意は変更されたと判断している。
20) 萩沢清彦「アナウンサーとして雇用された労働者の他職種への配置転換」判例タイムズ340号（1977年）90頁以下。
21) 安枝英訷「国際線航空会社でエア・ホステスの業務に従事していた従業員に対して地上職勤務を命じた配転命令が有効とされた事例」判例評論409号（1993年）56頁。
22) 菅野和夫『労働法』（第７版補正２版，弘文堂，2007年）389頁。この場合には，長期雇用を予定せずに職種や所属部門を限定して雇用される労働者については職種限定の合意が認められやすい，と主張される。

したい使用者は内容変更を申し入れるか変更解約告知で対処すべきとするもの[23]，(5)職種限定合意が契約関係の全過程を通じて使用者も拘束し，使用者は労働者の合意に基いて変更するか業務上の不都合を甘受するしかないとするもの[24]，である。

3　本判決の検討

（1）　本判決は，業務内容・勤務形態及び給与体系の特殊性及び独自性を根拠として職種限定合意を認定した点に第一の特徴がある。とりわけ，「顧客との関係を断絶するような配転を行わないことに積極的な意義を見出していた」職種であり，それに対応して内勤職員とは異なった採用手続きや処遇がなされていたことが主たる根拠となっていると考えられる。Yが主張しているように就業規則や雇用契約に職種を限定する文言がないのであるから，採用手続きや処遇のみの検討であれば，日産自動車事件最高裁判決が是認した原審判決の言う「（当該職種）以外の職種には一切就かせないという趣旨」を厳格に解して，職種限定の合意を否定する裁判例と類似した判断にいたることも考えられるが，それらと異なった判断となっているのは，業務の特殊性の認定によることが大きい。この「業務の特殊性」は広い意味では他の裁判例の言う「専門性」の一環と捉えられるかもしれないが（Xの主張にもそのような趣旨が伺われる），ここでは，当該業務に必要な専門知識の有無あるいは高度性を問題にするのではなく（Yはこの観点から高度な専門性の欠如を主張している），会社としての当該職種の位置づけを問題にしていることが注目されるべき判断である。また，使用者が職種限定契約を「使用者が業務上の都合により労働者を就労させるべき当該職種の仕事がなくなれば雇用関係を終了させる意思をもって締結したもの」と主張したことを明確に否定している点，就業規則上の配転条項が職種限定を否

---

23)　和田肇「人事異動と労働者の働き方」『転換期労働法の課題』（西谷敏・中島正雄・奥田香子編，旬報社，2003年）195頁，藤内和公「人事制度」『講座21世紀の労働法　第4巻　労働契約』（日本労働法学会編，有斐閣，2000年）259頁。
24)　藤原稔弘「業務縮小を理由とする異職種転配と『承諾拒否権』の制限」労判413号（1983年）16頁以下，倉田賀世「看護婦に対する配転命令の効力」労働法律旬報1460号（1999年）12頁以下。

定する根拠にはならず，就業規則に職種限定の規定がないことも職種限定の不存在に直結するものではないとしている点も，他の裁判例と比較して注目できる。

(2) その上で本判決は，「他職種への配転を命ずるについて正当な理由があると特段の事情が認められる場合」には配転命令が有効となる可能性を認めた点に第二の特徴がある。このように考えた場合には「正当な理由」の存否が問題となるが本判決は，使用者における変更の必要性，変更後の業務内容，労働者の被る不利益，採用の経緯と職務の特殊性，代償措置，を考慮要素として挙げ，本件事案への判断としては，職種変更に高度の必要性のあることと他職種の業務内容が不適当でないことは認めたものの，労働者の被る不利益の点から結論として配転命令が正当ではないと判断している。他の裁判例が「高度な必要性」というにとどまっているのに対して本判決は，「正当な事由」を判断する考慮要素を提示している点が独自の判断となっている。

配転命令の有効性を検討する際には，労働契約上の合意に基づいた判断を行うことが基本であり，そのために本来はまず労働契約上で特定された職種を確定し，次に労働契約の履行の過程において当初の合意が変更されているのか否かを検討していくことになるはずである[25]。その上で，合意の範囲内であれば使用者の指揮命令権を認め，範囲外であれば新たな合意が必要となる，という枠組みで判断されることになる[26]。日本においては採用時に職種等が具体的に明示されることが少ないことを背景に配転につき包括的な合意があるとし，そこから，最高裁判決のように，配転を命ずるにつき労働者の新たな合意が必要である場合を，「他職種に一切就かせない」という高度な職種限定合意の場合に限るという解釈が存在している。しかしこの見解は，多くの論者が既に指摘しているように，職種等は重要な労働条件であり労働契約において決定されるべきであるし，また，1998年の労基法改正が使用者の労働条件明示義務を強化した

---

[25] 野田進「労働契約における『合意』」『講座21世紀の労働法　第4巻　労働契約』（日本労働法学会編，有斐閣，2000年）37頁。
[26] ただし，使用者の労務指揮権の根拠ならびに限界についての検討が必要である。土田道夫『労務指揮権の現代的展開』（信山社，1999年）参照。

ように，職種等について明確にしていこうとする流れがあり，さらに，「成果主義賃金制度という新たな雇用システムのもとでは，（最高裁判決のような）配転法理が貫徹する基盤はなくなるものと思われる」とも指摘されているように[27]疑問が大きい。

　本判決が，労働契約上職種が限定されているかどうかの判断に際し，専門的知識の高度性ではなく職種の特殊性から職種限定合意を認定した点は評価してよい。しかし他方で，この根拠づけが次の，配転命令が有効となる可能性を認める理由にもつながっている。つまり本判決は，一切職種変更をしないという職種限定の労働契約と，職種限定を行っていない労働契約の中間形態として本件の労働契約を位置づけ，本件のような職種の特殊性に基づく職種限定契約であれば配転命令が有効となる可能性があるが，それには職種限定を行っていない労働契約におけるよりは高度の合理性が必要であると考えているように読める。しかし，この判断では，職種変更に合意が必要とされる労働契約の射程範囲はますます狭くなってしまう問題が生じる。さらに，本件のような職種限定契約のもとで配転命令の可能性を認める根拠として本判決は，労働契約関係の継続的な展開過程において配転の必要性も生じ，その場合に労働者の個別合意なしに配転できることが当事者の合理的意思に合致することを根拠として挙げている。本判決の言う「合理的意思」が，労働契約締結時の意思であるのか労働契約展開の中で形成されてきた意思であるのかは不明であるが，労働契約締結時にそのような意思が形成されていたとは考えにくい。現に本判決が認定するように，Yにおいても本事件が発生するまでは職種を限定することに積極的意義を見出していたのである。労働契約展開の中で，合理的な場合には配転に応じるとの意思が形成されることはありえることであるが（たとえば，争いとなっている配転命令以前には労働者が配転に応じていた等），本判決の中では，配転命令のできないことは「あまりにも非現実的」としか述べられておらず，根拠が示されているとはいえない。

　一般的に言えば，本件のような（本判決に従えば）限定の度合いの弱いもので

---

[27] 中村和夫「判例研究　アナウンサーに対する配転の効力」静岡大学法政研究4巻1号（1999年）145頁以下。

あっても，職種限定契約が締結され，使用者もそれを積極的なものと位置づけて継続的に労働契約が展開していた場合においては，労働契約の展開の中ではむしろ，労働者側に対して職を保障する要請が強くなり，職に対する労働者の人格的利益も強くなっていくのではないだろうか。この場合には，職に対する使用者の位置づけの変わることがあったとしても，職種限定契約のもとでは，使用者は労働者の合意に基づいて変更するか業務上の不都合を甘受するしかないこととなるであろう。

(さとう　けいじ)

大工の負傷と労災保険法上の労働者性
——藤沢労基署長（大工負傷）事件・
最一小判平19・6・28労判940号11頁——

國 武 英 生

（北九州市立大学）

I 事実の概要

1 X（原告，控訴人，上告人）は，「会社一本」と呼ばれる，作業場を持たず，他人を雇わず，一人で工務店の仕事を請け負う形態で稼動していた大工であり，平成10年3月頃からH木材の仕事をしていた。H木材は，マンション建築の内装工事についてT_1工務店等と請負契約を締結し，Xら大工に対して，同工事に従事するよう求めた。このときT_1工務店は，Xを含む大工らに対し，労災保険法35条に基づく特別加入をするよう勧めたが，Xはこれに加入しなかった。平成10年11月，Xは，同マンションの内部造作工事に従事していた際に丸のこぎりの刃で右手指を負傷するという災害（以下「本件災害」という。）を負った。そこでXは，本件災害が業務に起因したものであるとして，Y（藤沢労基署長）に対して労災保険法に基づいて療養補償給付等を請求したが，YはXが労災保険法にいう労働者には該当しないとして，不支給処分とする旨の決定を行った。この処分を不服としたXは，Yを被告として当該処分の取消しを求めて提訴した。

2 一審判決（横浜地判平16.3.31労判876号41頁）は，労災保険法上の労働者について，労災保険法が労基法の規定する災害補償の事由が生じた場合にこれを行うと定めていること等から，労災保険法にいう労働者とは，労基法に定める労働者と同一のものをいうと解するのが相当であるとした。そのうえで，労基法上の労働者とは，「使用者の指揮監督下に労務を提供し，使用者から労務に対する対償としての報酬を支払われる者をいうと解する」のが相当であり，昭

和60年の「労働基準法研究会報告[1]」及び平成8年の「労働者性検討専門部会報告[2]」の示す判断枠組みを基本にしながら，諸般の事情を総合して検討すべきとし，結論として，Xは，労基法上，また労災保険法上の労働者には該当しないとしてXの請求を棄却した。

3　原審判決（東京高判平17.1.25労判940号22頁）は，労災保険法の労働者は労基法に定める労働者と同義であると解し，「本件に関しては，仕事の依頼・業務従事に対する諾否の自由の有無，業務遂行上の指揮監督関係の有無・程度，勤務時間・勤務場所の拘束性の有無，服務規律の適用の有無，労務提供の代替性の有無，業務用の機械・器具の提供の有無・程度，報酬の性格・額，事業者性の有無，専属性の程度等の判断要素に照らし，Xについては，労災保険法にいう労働者には該当しない」と結論づけた。これに対してXが上告したのが本件である。

Ⅱ　判　　旨

上告棄却。

1　原審の適法に確定した事実関係の概要は，次のとおりである。「①Xは，……H木材から寸法，仕様等につきある程度細かな指示を受けていたものの，具体的な工法や作業手順の指定を受けることはなく，自分の判断で工法や作業手順を選択することができた。②Xは，作業の安全確保や近隣住民に対する騒音，振動等への配慮から所定の作業時間に従って作業することを求められていたものの，事前にH木材の現場監督に連絡すれば，工期に遅れない限り，仕事を休んだり，所定の時刻より後に作業を開始したり所定の時刻前に作業を切り上げたりすることも自由であった。③Xは，当時，H木材以外の仕事をしていなかったが，……H木材は，Xに対し，他の工務店等の仕事をするこ

---

[1]　労働基準法研究会報告『労働基準法上の『労働者』の判断基準について（昭和60年12月）』労判465号69頁。
[2]　労働基準法研究会労働契約等法制部会『労働者性検討専門部会報告（平成8年3月）』労働法律旬報1381号（1996年）56頁。

とを禁じていたわけではなかった。また，XがH木材の仕事を始めてから本件災害までに，約8か月しか経過していなかった。④H木材とXとの報酬の取決めは，完全な出来高払の方式が中心とされ，日当を支払う方式は，出来高払の方式による仕事がないときに数日単位の仕事をするような場合に用いられていた。……出来高払の方式による報酬について，Xら内装大工はH木材から提示された報酬の単価につき協議し，その額に同意した者が工事に従事することとなっていた。Xは，いずれの方式の場合も，請求書によって報酬の請求をしていた。Xの報酬は，H木材の従業員の給与よりも相当高額であった。⑤Xは，一般的に必要な大工道具一式を自ら所有し，これらを現場に持ち込んで使用しており，XがH木材の所有する工具を借りて使用していたのは，当該工事においてのみ使用する特殊な工具が必要な場合に限られていた。⑥Xは，H木材の就業規則及びそれに基づく年次有給休暇や退職金制度の適用を受けず，……労働保険や社会保険の被保険者となっておらず，さらに，H木材は，Xの報酬について……所得税の源泉徴収をする取扱いをしていなかった。⑦Xは，H木材の依頼により，職長会議に出席してその決定事項や連絡事項を他の大工に伝達するなどの職長の業務を行い，職長手当の支払を別途受けることとされていたが，上記業務は，H木材の現場監督が不在の場合の代理として，H木材からXら大工に対する指示を取り次いで調整を行うことを主な内容とするものであり，大工仲間の取りまとめ役や未熟な大工への指導を行うという役割を期待してXに依頼されたものであった。」

2 「以上によれば，Xは，前記工事に従事するに当たり，T_1工務店はもとより，H木材の指揮監督の下に労務を提供していたものと評価することはできず，H木材からXに支払われた報酬は，仕事の完成に対して支払われたものであって，労務の提供の対価として支払われたものとみることは困難であり，Xの自己使用の道具の持込み使用状況，H木材に対する専属性の程度等に照らしても，Xは労働基準法上の労働者に該当せず，労働者災害補償保険法上の労働者にも該当しないものというべきである。Xが職長の業務を行い，職長手当の支払を別途受けることとされていたことその他所論の指摘する事実を考慮しても，上記の判断が左右されるものではない。

以上と同旨の原審の判断は，正当として是認することができる。」

Ⅲ　検　　　討

1　はじめに

本件は，「会社一本」と呼ばれる，作業場を持たず，他人を雇わず，一人で工務店の仕事を請け負う形態で稼動していた大工の労災保険法上の労働者性が争われた最高裁判決である。就労形態が多様化するなかで，労働者とそれ以外の者との関係が相対化してきており，どのように労働者性を判断するかが重要な論点となっている。すでに最高裁は，傭車運転手のケースにおいて，その労災保険法上の労働者性を否定する判決を出している（横浜南労基署長（旭紙業）事件・最一小判平 8.11.28労判714号14頁）。これに引き続き，本判決は，大工のケースにおいても，その労働者性を否定したものであり，実務上も理論的にも注目される。本件事案の特徴としては，労災保険の特別加入制度に未加入の者の労働者性が争われている。

2　労災保険法上の労働者

本判決は，一審判決及び原審判決に依拠して，労災保険法上の労働者が労基法上の労働者と同義であることを前提にして，その労働者性の判断を行っている。

労災保険法上の労働者概念については，適用対象となる「労働者」の定義をとくに設けていないが，同法が労基法第8章「災害補償」に定める使用者の労災補償義務を補塡する制度として発展してきた沿革等から，労災保険法上の労働者は，労基法上の労働者（同法9条）と同一であると理解されてきた[3]。このことは，過去の最高裁判決も前提としていると考えられ，判例において確立した見解となっている（前掲・横浜南労基署長（旭紙業）事件最高裁判決）。

他方，労災保険法は，中小事業主，一人親方，特定作業従事者，海外派遣者

3）　厚生労働省労働基準局労災補償部労災管理課編『労働者災害補償保険法〔6訂新版〕』（労務行政，2005年）77頁。

について特別加入制度を設置し，労基法上の労働者以外の者にもその適用範囲を拡大している（同法33条以下）。1965年の法改正で設置された特別加入制度の趣旨は，「その実態は一般労働者と同様自ら労務に従事するものであるから，業務上災害を被る危険に曝されている[4]」のであり，「その業務の実情，災害の発生状況等に照らし実質的に労働基準法の適用対象者に準じて保護するにふさわしい者に対し労災保険を適用しようとするもの[5]」である。ただし，裁判例はこの特別加入制度について，「労働者でないものにつき任意的な加入を認める等のものであって，労災保険法が当然に適用となる労働者の概念を変えて，適用対象の範囲を広げたものではない」と解している（横浜南労基署長（旭紙業）事件・東京高判平6.11.24労判714号16頁）。それゆえ，特別加入制度は，労基法上の労働者概念を維持したまま，便宜的・例外的に設けられた制度として理解することができる。理論的には，こうした判例法理それ自体の妥当性には議論があるところであるが[6]，判例法理がすでに確立している以上，実務的には，労基法上の労働者性をどのように判断していくべきかが重要になる。

3　労基法上の労働者性をめぐる裁判例

そこで，本判決の判例上の位置を明らかにするために，労基法上の労働者性に関する裁判例を紹介しておきたい[7]。

労基法9条は，「『労働者』とは，職業の種類を問わず，事業又は事務所に使用される者で，賃金を支払われる者をいう」と規定している。これを敷衍して，裁判例では，使用者との使用従属関係の下に労務を提供し，その対価として使用者から賃金の支払いを受ける者をいうのであり，雇用，請負等の法形式にか

4）　昭22.11.12基発285号。
5）　昭50.11.14基発671号。
6）　たとえば，労災保険法の労働者は，労基法上の労働者より広く，「職業の種類を問わず，事業又は事務所の業務に従事する者で，賃金を支払われる者」と解すべきという見解がある。岡村親宜『労災補償・賠償の理論と実務』（エイデル研究所，1992年）60頁。
7）　裁判例の全体的な傾向については，東京大学労働法研究会編『注釈労働基準法上巻』（有斐閣，2003年）137頁以下〔橋本陽子執筆〕，労働政策研究・研修機構編『「労働者」の法的概念に関する比較法研究〔労働政策研究報告書67号〕』（労働政策研究・研修機構，2006年）47頁以下参照。

かわらず，その実態が使用従属関係の下における労務の提供と評価するにふさわしいものであるかどうかによって判断すべきであるとする立場が支配的である（例として，横浜南労基署長（旭紙業）事件・横浜地判平5．6．17労判643号71頁）。

そして，労働者性の判断基準については，昭和60年の「労働基準法研究会報告」が公表された以降の裁判例は，一般に，①指揮監督下の労働に関する基準（仕事の依頼，業務指示等に対する諾否の自由の有無，業務遂行上の指揮監督の有無，勤務場所及び勤務時間の拘束性の程度，労務提供の代替性の有無）と②報酬の労務対償性に関する判断基準をあげ，さらにその補強要素として，③事業者性の有無（機械・器具の負担関係，報酬の額等），④専属性の程度，⑤その他（委託等の選考過程，源泉徴収の有無，労働保険への加入の有無等）などを考慮し，これら多様な判断要素から総合的に判断する傾向にある。

このように，一連の裁判例を通じて労働者性の判断要素自体は明確になってきている。しかし，実際には，具体的な事案において労働者に該当するかどうかの判断は必ずしも容易ではない。労働者性の判断基準に関する裁判例の基本的特徴は，以下のとおりである。

第1に，各判断要素の位置づけや相互関係について，それほど明確な議論は展開されていないと思われる。最高裁のレベルで一般的な判断枠組みを示したものはないものの，前掲・横浜南労基署長（旭紙業）事件最高裁判決は，昭和60年の「労働基準法研究会報告」の考え方を基本にして，指揮監督下の労務提供，報酬の支払方法，公租公課の負担関係等を重視し，その他の事情を補強する要素として位置づけている。ただし，同最高裁は，傭車運転手の労働者性判断に際して，自己の危険と計算の下で従事していたという事情をも考慮している。他方，裁判例には，昭和60年の「労働基準法研究会報告」等は，「使用従属関係の有無は，個別具体的な事案に応じ，その事実関係を踏まえて判断すべきものであるから，これらの報告の判断基準を絶対視すべきではない」として，各判断要素を並列的に位置づけるものがある（新宿労基署長（映画撮影技師）事件・東京地判平13．1．25労判802号10頁）。もっとも，それらの判断要素は相当程度重複しており，どのような区別がなされているのかははっきりしない。

第2に，委任や請負における注文者の「指示」と労働者性の判断要素である

「業務遂行上の指揮監督」をどのように区別するかという論点が提起されている。たとえば，前掲・横浜南労基署長（旭紙業）事件最高裁判決は，傭車運転手に対する荷物の運送物品，運送先及び納入時刻の指示は，「業務の性質上当然に必要とされる」ものであるとして，指揮監督関係を肯定する事情に含めていない。一方，映画撮影技師の労災保険法上の労働者性が争われた事案では，映画制作における最終的な決定権限を監督が負っていたことを重視し，撮影技師が監督の指揮監督を離れて技術や裁量を発揮する権限までを有しているとはいえないとして，映画監督との間の指揮命令関係を肯定している（新宿労基署長（映画撮影技師）事件・東京高判平14．7．11労判832号13頁）。

第3に，報酬の労務対償性の判断要素をどのように評価するかも問題となる。最近の裁判例では，その報酬が，一定の時間の労務提供に対する対価といえるかどうかを実質的に判断する傾向にある。たとえば，受信料集金等受託者の労働者性が争われた事例では，「受託業務の対価とみるのが相当であって，一定時間の労務提供の対価である賃金とは質的に異な」ると判示している（NHK西東京営業センター（受信料集金等受託者）事件・東京高判平15．8．27労判868号75頁）。また，前掲・新宿労基署長（映画撮影技師）事件高裁判決は，日当と予定撮影日数を基礎として算定した額等から報酬が決められたものであり，賃金の性格の強いものであったと判断している。ただし，前掲・同事件地裁判決は，撮影日数に変動があっても報酬の変更はないものとされていたことから，その報酬は一定の時間の労務提供に対する対価というよりは，仕事の請負に対する報酬であると結論づけている。

本件と類似する大工の労働者性に関する裁判例としては，大工間の労働力の貸し借りの関係にあった一人親方の労災保険法上の労働者性が争われた事例では，指揮監督下にあったとは認められず，労働契約が予定する対価としての報酬ではないとして，その労働者性が否定されている（相模原労基署長（一人親方）事件・横浜地判平7．7．20労判698号72頁）。また，いわゆる「手間請け」の形態で働く一人親方の労災保険法上の労働者性が争われた事例では，指示は通常注文主が行う程度のものであり，坪単価方式で決定される報酬は労務の代償であるということはできない等を理由に，その労働者性が否定されている（川口労

基準監督署長事件・浦和地判平10．3．30訟月45巻3号503頁)。その他に，日給制で働く大工の契約関係が労働契約であるとして，解雇予告手当の支払いを認めた裁判例もある（丸善住研事件・東京地判平6．2．25労判656号84頁)。

4　本判決の意義と問題点

本判決は，判旨1において原審の事実認定を確認したうえで，判旨2において，指揮監督の下に労務を提供したものと評価することはできず，報酬についても労務の提供の対価として支払われたとみることは困難であるとして，結論として労働者性を否定する判断を下している。本判決の意義は，事例判断にとどまるものの，最高裁が，労働者性を基礎づける事実のなかでも，指揮監督下の労働と報酬の労務対償性の判断要素を重視し，その他の事実は前記判断を補強する要素として位置づけることを示した点にある。ただし，本判決は明確に判断要素の優劣関係を示したわけではなく，これまでの判断基準とどの程度の差異があるのかは今後の判例の展開次第といえよう。

あてはめ部分については，過去の裁判例と比べても少ない判断要素を評価するのみであり，判旨1に示した事実認定との関係についてもわかりにくく，労働者性の判断基準としての不明確さは否定できない。また，その評価の仕方についても次のような疑問がある。

その1は，業務遂行上の指揮監督の有無に関する判断である。本判決は，判旨1①において，Xは，仕事の内容について，具体的な工法や作業手順の指定を受けることはなく，自分の判断で工法や作業手順を選択することができたという事実を重視している。しかし，実際には，Xは，H木材から寸法，仕様等につき細かな指示を受けており，また，判旨1⑦では，H木材の依頼により，Xは職長の業務を行い，職長手当の支払いを別途受けることとされていたという認定もなされている。本件では，指揮監督関係を肯定する事情と否定する事情が並存しているのであり，どの程度の事実があれば指揮監督関係を肯定的に評価できるのかは，依然としてはっきりしない。

その2は，報酬の労務対償性に関する判断である。本判決は，判旨1④において，H木材とXとの報酬の取決めは，完全な出来高払の方式が中心とされ

ていたこと，報酬の単価につき協議していたこと等を認定し，結論として報酬が労務の提供の対価として支払われたとみることは困難であると判断している。しかし，報酬の決定方法については，契約の自由の問題であり，報酬の単価の額を当事者が協議したからといって，労働者性が否定的に評価されるわけではない。また，本判決は，形式的・外形的な事情を重視しているが，報酬の労務対償性の判断にあたっては，一定の時間の労務提供に対する対価といえるかどうか等の事情を実質的に判断するのが妥当であろう。

　労働者とそれ以外の者との関係が相対化しているなかで，本件も微妙なケースであり，労基法上の労働者か否かという二分法的な紛争処理は，両者間の均衡上問題があると思われる。他方，労災保険の特別加入制度については，制度理解が必ずしも浸透していないといわれている[8]。また特別加入制度は，労基法上の労働者に該当しないことを前提とした制度設計であることから，本件のように制度未加入者の労働者性が争われた場合には，かえって労働者性を否定する方向で解釈されかねない。こうした状況をふまえると，現行の労災保険法の制度設計が妥当かどうか，労災補償の本質との関わりにおいてそのあり方が検討されるべきであり，自営的な働き方も視野に入れたうえで労災保険法の趣旨・目的に沿った適用対象の画定方法を模索する時期にきているように思われる[9]。

（くにたけ　ひでお）

---

8) 特別加入制度の実態については，山口浩一郎『労災補償の諸問題』（有斐閣，2002年）64頁以下参照。
9) 労災保険法上の労働者性に関する立法論を展開するものとして，柳屋孝安『現代労働法と労働者概念』（信山社，2005年）339頁以下，労働政策研究・研修機構編・前掲注7）書332頁以下〔大内伸哉執筆〕，古河景一「労働者概念を巡る日本法の沿革と立法課題」季刊労働法219号（2007年）153頁。学説の状況については，池添弘邦「労働保護法の『労働者』概念をめぐる解釈論と立法論──労働法学に突きつけられている重い課題」日本労働研究雑誌566号（2007年）48頁参照。本件一審判決の評釈として，川口美貴「大工工事の請負人について労働者性を否定した例」民商法雑誌133巻2号（2005年）131頁がある。

労働者派遣法40条の4に基づく雇用契約申込義務
—— 松下プラズマディスプレイ（パスコ）事件・
大阪地判平19・4・26労判941号5頁 ——

富　永　晃　一
（東京大学）

I　事　実

1　(1)　家庭用電気機械器具の製造業務請負会社の訴外A社は、訴外Zの子会社Yと業務請負契約を締結した。Aは平成16年1月頃からXを雇用し、Yの工場でPDP（プラズマ・ディスプレイ・パネル）の製造業務での封着工程（以下「本件封着工程」）に従事させた。同製造ラインにはZ等の出向社員・Aや人材派遣会社の訴外Bの被雇用者が従事し、Y直用の社員はいなかった。

(2)　平成17年4月頃よりXはYに直接雇用を求め、同年5月には訴外労働組合に加入し、団交を通じ直接雇用を申入れた。同月にXはYの労働者派遣法違反を大阪労働局に是正申告し、同局は同年7月4日にYに是正指導した。

(3)　これを受け、Aは業務請負から撤退し、Yは訴外Bと労働者派遣契約を締結し、同月21日からAの労働者等を派遣労働者として受け入れることとした。

(4)　しかしXのみは派遣労働者とならず、団交を通じて直接雇用を求めた。Yは同年7月14日に「PDPパネル製造リペア作業及び準備作業などの諸業務」の業務内容でXを期間工として雇用すると回答した。Xは雇用期間と業務内容に異議を留めつつ、同年8月19日にYとの間で、契約期間を「平成17年8月22日から平成18年1月31日（ただし、平成18年3月末日を限度として更新することがある。）」とし、就業場所を茨木工場、業務内容を前述のとおりとする期間工雇用契約書を作成した（以下「本件契約書」）。Xは本件封着工程の作業を希望したが、現実には他従業員から隔離されてリペア作業（以下「本件リペア作業」）

のみを命じられた。Yは同年12月28日，平成18年1月31日をもって雇用契約が終了するとXに通告し，同日以後，Xの就労を拒否した。

2　そこでXは①主位的にXY間の黙示の無期雇用契約（以下「本件雇用契約1」）の成立，②予備的に労働者派遣法40条の4の雇用契約申込義務の趣旨から，派遣可能期間経過後のYによるXの使用継続を雇用契約申込，Xの労務提供継続を承諾とする無期雇用契約（以下「本件雇用契約2」）の成立，③さらに予備的に平成17年8月19日の雇用契約（以下「本件雇用契約3」）の期間の定めの無効を主張し，解雇無効により，また本件雇用契約3の期間の定めが有効としても雇止めが信義則違反として，雇用契約上の地位確認を求め，賃金，本件リペア作業従事義務の不存在確認，違法解雇の慰謝料，本件リペア作業従事を命じる違法業務命令に基づく慰謝料等に係る金銭支払いを求め提訴した。

II　判　　旨（請求一部認容）

1　黙示の雇用契約（本件雇用契約1）の成否

XY間に指揮命令関係があり，いわゆる偽装請負の疑いが強いとしても「雇用契約の本質は，労働を提供し，その対価として賃金を得る関係にあるが，労働の提供の場において，XとYとの間に指揮命令関係があるといっても，その間に，賃金の支払関係がない場合は，両者の間に雇用契約関係があるとはいえない。」そして本件では「XはAとの間で雇用契約を締結し，Aから賃金を支給されていた。」「一方，YとAとの間に資本関係などは認められず，YとAが実質的に一体であると認めるに足りる証拠もない。」「上述した関係の実質は，むしろ，AとYが，Aを派遣元，Yを派遣先とする派遣契約を締結し，同契約に基づき，Aとの間で雇用契約を締結していたXが，Yに派遣されていた状態」である。しかし，その状態が継続してもXY間に黙示の雇用契約は成立しない。YA間の請負代金額の，Xの賃金額決定への影響は大きいが「そのことから，XとYとの関係を雇用契約関係ということはでき」ず，Xの勤務開始時には製造業への労働者派遣事業が未解禁であり，YAが違法な派遣契約を締結していたこととなるとしても「上記認定を左右するものでは

ない。」

2 労働者派遣法に基づく雇用契約（本件雇用契約2）の成否

ＸＹ間の関係を労働者派遣とする以上「Ｙとしては，一定の条件のもと，労働者派遣法に基づき，Ｘに対し，直接雇用する義務が生じる」。しかし「労働者派遣法は，申込の義務を課してはいるが，直ちに，雇用契約の申込があったのと同じ効果までを生じさせるものとは考えられず……，Ｙに直接雇用契約の申込の義務が課せられ，これを履行しない場合に，労働者派遣法に定める……措置が加えられることはあっても，直接雇用契約の申込が実際にない以上，直接の雇用契約が締結されると解することはできない。」またＸのＹへの労務提供継続中も，ＡのＸへの賃金支給が存し「実質的な労働者派遣が1年を超えて継続していることになるだけで，雇用契約の申込と同視することはできない。」

3 本件雇用契約3の成否，期間の定めの有無・効力

本件雇用契約3は締結されたが，Ｘがその期間の定めに異議を留めたとしても「Ｙにおいて，期間の定めのない契約を締結するつもりが全くなかったにもかかわらず……，本件雇用契約3が，期間の定めのない契約として締結されることはない」。仮に労働者派遣法違反の是正が本件雇用契約3申込みの動機だとしても，違法状態が解消した以上「期間の定めのない契約の申込みをする必要まではない」。契約期間の限定が組合嫌悪・Ｘ排除の不当目的に基づくものでも「違法な状態が解消されたといえる以上，それ以上にＸの希望を容れなかったからといって，そのことが不当な目的があるとして，本件雇用契約3の一部である期間の定めを違法無効とすることにはならない」。

4 雇止めの成否

平成17年12月28日のＹのＸへの通知は雇止めの通告であり，解雇の意思表示でない。また本件は，雇止めに解雇権濫用法理が類推されうる場合に該当しない。本件の事情（労働者派遣法違反の是正目的，労組嫌悪等の不当目的，Ｘのみが

期間工という不平等取扱，Xの窮乏に乗じた契約書作成等）の下での雇止めが信義則違反だとXは主張するが「仮に，……Yにおいて，労働者派遣法違反を犯しており，これを指摘され，やむなく直接雇用せざるを得なくなったとしても，……期間の定めのない契約を締結する義務までが発生するわけではなく，また，期間の定めのある契約を締結した後，契約期間が満了した際，契約を更新する義務があるというわけでもない。」なお，雇用契約期間中の業務内容やその他の処遇に関する問題点は，慰謝料請求で考慮するのが相当である。

5　リペア作業従事命令による不法行為の成否

本件雇用契約3の締結経緯上，当該契約申込は労働者派遣法の適用ないし準用を念頭におくものと推測でき，その場合「新たに締結される直接雇用契約の内容については，賃金などは改めて締結されるとしても，業務内容については，通常，それまで派遣労働者として従事した業務を引き続き担当することが想定されていると考えられる（労働者派遣法40条の3参照）。また，直接雇用の提供があった場合に，賃金などの労働条件が上がることはあっても，従前の労働条件が全体として下がることは，想定されていない」。Xにはこのような期待が存したが，長期間孤立して作業する本件リペア作業は，本件封着工程に比し，精神的ストレスを伴う，Xには予想外の業務内容，作業環境であった。

本件リペア作業には高度の必要性も，Xが担当する必然性もなく，同作業の命令は「本件雇用契約3の締結に至る経緯を前提とする限り，Xに対し，精神的苦痛を与えるものであり，Yとしては，そのことを十分に認識することができ」た。その精神的苦痛の程度は大きく，Yは「これを避けたり，軽減することが可能であったにもかかわらず，Xに対し，一時的な作業を一定期間のみ従事させることに固執し，十分な説明もなく，リペア作業を命じた」といえ，かような業務命令は違法であり，その結果，Xに精神的苦痛を与えた（慰謝料請求認容）。

III 検　　討

結論に賛成するが，判旨の一部に疑問の余地がある。

1 本判決の意義と特徴

本判決は，社外労働者（派遣労働者）・労働者の受入先（派遣先）間の労働契約の成立が否定された事例の一つであるが[1]，労働者派遣法（以下「派遣法」）40条の4による雇用契約の成否が争われた点で初めての事例である。また偽装請負（違法派遣）の解消のため，受入先が直用した労働者に対する業務命令が不法行為となると判断した点で特徴的な判決である。

2 黙示の労働契約の成否（判旨1）

判旨1は「雇用契約の本質は，労働を提供し，その対価として賃金を得る関係にある」と雇用契約の成立要件を示し，ＸＹ間に指揮命令関係が存しても賃金支払関係がなければ雇用契約関係は認めえないとし，ＸＡ間の雇用契約，ＡのＸへの賃金支給，ＹからのＡの独立性から，黙示の雇用契約の成立を否定する。

この判断枠組みは，社外労働者・受入先間の黙示の労働契約成立の要件を，労務の提供とその対価としての賃金提供とし，諸考慮要素からその存否を推認するものであり，通説たる黙示の労働契約説及び従来の社外労働者・受入先間の労働契約の成立が争われた判例等に沿うものである[2]。

---

1) 三者間関係が労働者派遣でなく業務委託契約等だとして黙示の労働契約成立が争われた近時の例として，大阪空港事業（関西航業）事件・大阪高判平15・1・30労判845号5頁，JR西日本（大誠電機工業）事件・大阪高判平15・1・28労判869号76頁，パソナ（ヨドバシカメラ）事件・大阪地判平16・6・9労判878号20頁，ナブテスコ（ナブコ西神工場）事件・神戸地裁明石支判平17・7・22労判901号21頁など。労働者派遣契約で黙示の労働契約成立が争われた例として，伊予銀行・いよぎんスタッフサービス事件・高松高判平18・5・18労判921号33頁，日建設計事件・大阪高判平18・5・30労判928号78頁，マイスタッフ（一橋出版）事件・東京高判平18・6・29労判921号5頁等。
2) 安田病院事件・最三小判平10・9・8労判745号7頁，土田道夫「判批」労旬1467号38

判旨1は，具体的判断においては，XA間の労働契約締結とAの独立性を根拠として，賃金支払いの要件を欠くことを理由にXY間の黙示の労働契約の成立を否定する。請負代金と労働者の受ける賃金総額との直接的関連から，賃金支払い関係を認定する裁判例も存するが，判旨1はYA間の請負代金額がXの賃金額の決定に与える影響が大きくとも，XY間の関係が雇用契約関係とはいえないとし，独立した実体を有するAがXとの間に雇用契約を締結し，賃金支払い関係を有することを重視し，社外労働者と受入先・請負元との間に二重の労働契約が存しないことを前提に，XY間の雇用契約関係を否定した。

また，判旨1は，本件YA間の関係の実質は「Aを派遣元，Yを派遣先とする派遣契約を締結し，同契約に基づき，Aとの間で雇用契約を締結していたXが，Yに派遣されていた状態」であり，派遣が継続してもXY間に黙示の雇用契約は成立しないとする。本件のようないわゆる偽装請負[3]の場合，派遣労働者と派遣先・派遣元間の労働契約の存否等により三者間の法的関係の性質を判定することとなろうが，判旨1も，XA間の労働契約の存在と，XY間の労働契約の不存在から，三者間の法的関係を労働者派遣と評価したものと解される[4]。また，判旨1はこのような違法な派遣状態が継続してもXY間に黙示の雇用契約は成立しないとする。この点，派遣法の規制に反する場合は職安法4条6項により適法化された「労働者派遣」に該当しない労働者供給であるとし[5]，派遣元と派遣労働者間の労働契約の無効を招来し，その場合に派遣先と派遣労働者間の指揮命令関係の存在から黙示の労働契約を推認しうるとの見解[6]

---

3) 偽装請負の定義・問題点等につき，有田謙司「偽装請負」法教318号[2007]2頁，浜村彰「偽装請負と受入企業の使用者責任」労旬1635号4頁等。
4) 二重の労働契約を認めない場合，労働者供給となる場合は限定される。この解釈への批判として萬井隆令・山崎友香「検討『労働者供給』の概念——労働者派遣法制定を契機とする労働省による解釈の変更とその問題点——」労旬1557号[2003]6頁等。
5) 萬井隆令『労働契約締結の法理』[有斐閣・1997]335頁，浜村彰「違法な労働者供給・労働者派遣と労働契約関係」志林98巻1号[2001]157頁等。
6) 中野麻美「改正労働者派遣法の意義と課題」季労203号[2003]133頁，浜村彰「検討派遣元の形式的・名目的性格と親会社たる派遣先の使用者責任——伊予銀行事件（松山地判平成15・5・22）鑑定意見書」労旬1589号[2004]8頁，豊川義明・森信雄「「派遣」

が有力であるが，労働者派遣において，派遣可能期間の徒過・未解禁事業への派遣等，派遣法違反の事情が存しても，労働者・派遣先間の黙示の労働契約は成立しないとの立場[7]も有力であり，判旨1はこの後者の立場と解される。

3　派遣法に基づく雇用契約の成否（判旨2）

派遣法40条の4によるＸＹ間の雇用契約成立の主張に対し，判旨2は，同条の雇用契約申込義務は雇用契約の申込があったのと同じ効果を生じさせるものではないとし，その違反に対し派遣法所定の諸措置が採られるとしても，雇用契約の申込が実際にない以上，雇用契約は締結されないとした。

当該申込義務は，派遣先に課せられる公法上の義務であり，派遣労働者に対する私法上の権利付与や，派遣先と派遣労働者との間の雇用契約成立擬制等の効果は有しない[8]。判旨2も，申込義務違反は，契約の成否とは無関係と捉えており，当該義務は雇用に係る単なる協議義務でしかないとの見解[9]に近い。

これに対し，違法な労働者派遣関係では派遣先・労働者間の雇用関係が推定され，雇用契約申込義務を負う派遣先は，その推定を覆す積極的な意思表示ができず，労働者は雇用関係上の地位確認請求をなしうるとの見解[10]，雇用契約申込義務を履行せず派遣期間を超えて派遣労働者を事実上使用し続けた場合，その派遣労働者を継続的に受け入れて使用する行為を黙示の雇用契約申込とし，労働者の就労を承諾の意思表示と解釈し，黙示の労働契約の成立を認定しうるとの見解[11]が有力に主張されている。Ｘの主張はこの後者の見解に近い。派遣元の通知により，派遣労働者の派遣停止を知りつつあえて派遣労働者を使用し続けたという事情があれば，そう解する余地があるが，本件ではそのような事

　「労働者の派遣先企業に対する法的地位――第2次朝日放送事件を素材に――」季労214号［2006］194頁等。
7）　裁判例として，大映映像ほか事件・東京高判平5・12・22労判664号81頁，前掲注1）・伊予銀行・いよぎんスタッフサービス事件，前掲注1）・日建設計事件等。学説として，濱口桂一郎「判批」ジュリ1337号［2007］119頁等。
8）　第156回国会衆院厚労委員会会議録第14号［平成15年5月14日］34頁［鴨下副大臣答弁］。
9）　安西愈「改正労働者派遣法の問題点と実務上の対応をめぐって」季労204号［2004］20頁。
10）　中野麻美「改正労働者派遣法の意義と課題」季労203号［2003］133頁。
11）　浜村彰「改正労働者派遣法の検討」労旬1554号［2003］28頁。

情がなく，本件雇用契約2の成立を否定した判旨2は妥当である。

4 本件雇用契約3の期間の定めの効力（判旨3），雇止めの成否（判旨4）

（1） 判旨3は，本件雇用契約3の成立を認めた上で，その契約申込の目的である違法状態の解消がなされれば十分として，Xの希望を容れて無期契約を締結する義務を否定し，不当目的による期間の定めも無効でないとする。

ここで，YがXに直接雇用を申し込む以上は，その労働条件設定は全く自由か，との疑問がある。本件の雇用申込は，派遣法40条の4の適用ないし準用を想定している（判旨5）。同条の雇用申込上の労働条件は当事者間の交渉に委ねられているが，学説上，直接雇用申込義務に誠実対応義務を含ましむるべきとの見解があり[12]，行政解釈も派遣就業中の労働条件や，派遣先労働者の労働条件等を考慮してその労働条件を決定すべきとする[13]。しかし同条は派遣先が適法に労働者の継続使用を希望する場合を想定しており，本件のように派遣先が違法に労働者を継続使用後，違法状態解消のためやむなく雇用申込する場合を想定していない。違法派遣解消のため，労働者を受入停止するという処理は当該違法状態への責任の少ない労働者に犠牲を強いる点で不当であり，不当な条件でも雇用申込さえすれば良いとの立場（判旨3）も上述の点から疑問が残る。立法的解決の望ましい問題だが，信義則上，違法状態を創出した派遣先の雇用申込の労働条件は，従前の条件以上であるべきように思われる。

（2） 判旨4はYの有期契約更新の義務を否定する。判旨のように雇用申込の条件が全て当事者の交渉に委ねられると解しても，直接雇用後の具体的な雇用安定度の低下は予測できず，従前と同程度の雇用継続に労働者が期待を有する場合がある。その場合，不当目的の雇止めが解雇権濫用法理の類推適用で無効となる場合もありうると解され，判旨は疑問の余地がある。

---

[12] 水島郁子「職業安定法・労働者派遣法改正の意義と法的課題」労研523号［2004］23頁。
[13] 厚生労働省「労働者派遣事業関係業務取扱要領」243頁。

5 本件リペア作業の適法性等（判旨5）

判旨5は，派遣法40条の3を参照し，直用後の業務内容は従前の業務と想定されること，本件リペア作業の必要性の低さと精神的苦痛の大きさ，精神的苦痛回避措置の懈怠，業務命令への固執から，本件業務命令を違法と判断する。

派遣法40条の3の雇入れ努力義務のみならず，40条の4の雇用契約申込義務でも，派遣労働中と同一業務を処理することが前提と解されるが[14]，直用後の業務内容は，現行法上は当事者間の交渉で決定される建前である。しかし先述のとおり，派遣先が信義則上，申込条件につき従前の業務との均衡に配慮すべき場合があると解し，本件での業務内容は，従前の業務と相違しても，合理的な程度の相違に留まるとの前提で合意されたと解すれば，本件の業務命令がその範囲を逸脱し，違法となると解され，判旨5の結論は妥当と解する[15]。

〔付　記〕　本稿脱稿後，本判決の評釈として，萬井隆令・労旬1665号55頁に接した。

（とみなが　こういち）

14）　外井浩志『労働者派遣法100問100答——法律の解説から実務対応まで』[税務研究会出版局・2004] 154頁他。
15）　なお業務内容の合意が自由と解しても，過度の不利益・不当目的等の理由で業務命令が権利濫用となる余地は残る（本件でもそう解する余地がある）。

会社分割と労働契約の承継拒否
――日本アイ・ビー・エム（会社分割）事件・
横浜地判平19・5・29労判942号5頁――

春 田 吉 備 彦
（沖縄大学）

I　事実の概要

　本件は，Y社が旧商法に基づき会社分割を行ったところ，設立会社へ承継される営業に含まれるとして分割計画書に記載されたX_1らが，その労働契約は設立会社に承継されないとしてY社に対して労働契約上の地位にあることの確認等を請求した事案である。

　Y社はコンピュータ製造等を目的とする法人でA社の完全子会社である。X_1ら24名はY社のF事業所でハードディスク事業部門（以下，H部門）に従事していた。X_1らはY社の従業員で組織する全日本金属情報機器労働組合（以下，本件組合）のY社支部（以下，本件組合支部）の組合員である。平成14年4月頃，A社とB社は合弁会社D_2社の設立に合意し，Y社はこれを従業員に発表し，6月4日，D_2社で従業員全員が現在と同様の業務を継続し労働条件も基本的に現在と同等の内容にする旨合意し，Y社はF事業所従業員にこれを伝えた。

　9月3日，Y社はH部門を会社分割し設立会社D_1社とし，H部門従業員の労働契約も承継営業に含めることでD_1社に移籍させたうえ，D_1社の全株式をD_2社に譲渡する方針を決定した。同日，Y社はH部門関連の従業員向けにイントラネット上でY社従業員の会社分割によるD_1社への移籍，D_1社へのB社H部門の合流，D_1社での処遇は労働契約承継法（以下，旧法）に基づき現

---

1) 法令の引用については，本件当時の労働契約承継法，その施行規則，その承継法指針をそれぞれ，旧法，旧規則，旧指針と表記する。

在と同等の水準が維持されること等を通知し，イントラネット上にD_1社移籍に関する質問受付窓口を開設し主な質問とその回答（以下，FAQ）を掲載した。同日，Y社常務取締役Q（後にD_1社取締役に就任）は，F事業所において，D_2社が設立され，次に日本においてはD_1社が設立され，それがD_2社傘下に入ること，日本ではD_1社が会社分割を用いて設立されること，Y社のH部門従事者はD_1社に移籍すること等を発表した。QはX_1らF事業所従業員からの質問に，旧法に基づき現在の労働条件がD_1社でも継続すること，出向の選択肢はない旨を回答した。

9月19日，本件組合支部はY社にX_1らを含むH部門所属組合員につき本件組合及び本件組合支部が旧法に関して個別労働者との協議において代理人として委任を受けたことを伝え，今後組合員に個別的面接等を強要しないよう要請した。Y社には過半数組合がないため，旧法7条の労働者の理解と協力を得るための措置（以下，7条措置）のため各事業所ごとの従業員代表が選出され，全国事業所70か所の従業員代表70名を4グループに分け，各グループを東京に集め代表者協議を行った。9月27日と同月30日，代表者協議ではY社が本件会社分割の説明後，各従業員代表と質疑応答を行った。10月1日，Y社はH部門のライン専門職に，旧商法等改正附則5条1項の労働契約の承継に関する労働者との協議（以下，5条協議）用資料として，D_1社の就業規則等案及び従業員代表用の説明資料を電子メールで送付し，同月4日，ライン専門職に対し，同月30日までの間に，ライン従業員に説明して移籍の意向を確認し，移籍に納得しない従業員には最低3回の協議を行い，従業員の状況をY社に報告するよう指示した。ライン専門職は，自分のライン従業員全員を集めた説明会を開き，そのうち多数従業員が移籍に同意する意向を示した。

10月2日，Y社と本件組合支部は5条協議を行った。同日の協議を皮切りに，Y社と本件組合支部は6回の5条協議を行った。同月10日，Y社は本件組合支部に，同組合員でありかつH部門の従業員につき承継営業に主として従事する労働者に当たるか否かの判別結果を記載した表を送付した。X_1らを含め当時本件組合支部組合員でH部門に関連していた者は全員が承継営業に主として従事する労働者と判定された。11月11日，X_1らは労働契約のY社か

ら D_1 社への労働契約の承継につき Y 社に異議申し立ての書面を提出した。

11月27日頃，Y 社は分割計画書等を本店に備え置いた。12月25日，Y 社は旧商法373条の新設分割により H 部門を会社分割し D_1 社を設立する旨の登記をした。なお，本件会社分割では，株主総会の承認を要しない簡易分割が採用された。同月31日，Y 社は D_1 社株式の全てを D_2 社に譲渡した。平成15年1月1日をもち D_1 社は D_2 社に商号を変更し，同年4月1日，B 社はその H 部門を吸収分割し D_1 社に承継させた。

そこで，X_1 らは，Y 社に対して，①Y 社の行った会社分割は，手続に違法な瑕疵があり，②会社分割による労働契約承継を拒否する権利があり，これを行使した，③会社分割は権利濫用・脱法行為に当たるため労働契約が設立会社に承継されるとの部分については無効である等と主張し Y_1 社に対する地位確認請求等を求めて訴えを提起した。

II 判　　　旨[2]（X_1 らの請求棄却）

1 法定手続きの不履行と労働契約承継について

「旧商法374条の12，同条の28が会社分割の無効を争うためには会社分割無効の訴えによらなければならない」としているが，かような訴えによらずして，X_1 らが「5条協議の不履行等を理由とする会社分割の無効原因を主張して設立会社との間に労働契約が承継されない旨を主張することは許される」。「このように解する以上，会社分割の無効事由が認められない限り，会社分割の効果である労働契約の包括承継自体の無効を争う方法はない」。

旧法7条における協議は，「分割をめぐる労働関係上の問題について，労働者集団の意思を反映させることが目的」であって，「努力義務を課したにとどまる」。「仮に7条措置の不履行が分割の無効原因となり得るとしても，分割会社がこの努力を全く行わなかった場合又は実質的にこれと同視し得る場合に限られる」。

---

2) II判旨の，X_1 らが主張する，権利濫用の主張について，不法行為の成否について，の判断部分については，考察の対象外とする。

「5条協議については，……個々の労働者の同意を得ずに労働契約の承継の有無が分割計画書等により定められ得るとされており，それにより労働者の地位に大きな変化が生じ得ることから労働者の意向を汲むための協議を分割会社に求めたものと位置付けられ，承継される営業に従事する個別労働者の保護のための手続である。……したがって，……5条協議を全く行わなかった場合又は実質的にこれと同視し得る場合には会社分割の無効の原因となり得ると解される。しかし，協議を行うことが義務づけられるのであって，協議の成立」までは要求されない。

2 法定手続きの履行の有無について

(1) 7条措置の履行の有無について

Y社は7条措置につき，「従業員代表らを4グループに分け，4日間に亘って代表者協議を行い，……H部門の状況，本件会社分割の背景・目的，D_1社の概要，移籍対象となる部署と今後の日程，移籍する従業員のD_1社における処遇，承継営業に主として従事する労働者か否かの判別基準，労使間で問題が生じた場合の問題解決の方法等について説明したこと，……Y社はイントラネット上で質問受付窓口を開設して，FAQで主な質問と回答を掲載したこと，Y社は，イントラネット上で，H部門に関連する従業員向けに，上記従業員が会社分割によりD_1社に移籍することやD_1社における処遇は旧法に基づき現在と同等の水準が維持され，D_1社には……B社のH部門が合流すること等を通知したことは認定のとおりであり，これらによれば，Y社が労働者の理解と協力を得るよう努めたと評価できるのであって，7条措置を全く行わなかったものではないし，また，これと同視し得る場合であったということはできない。……そうすると，本件会社分割において無効原因となるような7条措置違反があったとは」認められない。

(2) 5条協議違反の有無について

「Y社は，H事業に従事するライン専門職に対して，D_1社の就業規則等案及び代表者協議で使用した従業員代表用の説明資料を送付し，約1ヶ月の期間を設定して，……各ライン従業員に会社分割による移籍等の説明をしたこと，そ

の際に，移籍に納得しない従業員については最低 3 回の協議を行うよう指示したこと，その結果，H 事業部門のライン専門職は，自分のラインの従業員全員を集めた上で説明会を開き，……移籍に同意するか否か及び本件会社分割についてのコメントを聞くなどして，各従業員の状況を人事に報告したこと，その結果は多数の従業員が移籍に同意する意向を示したものであったことが認められる」。「5 条協議の方法は，逐一，個別面談の方法によらなければならないものではなく，……ラインでの説明会によったことが 5 条協議を全く行わなかったことにはならないし，また，これと同視し得る場合に当たるということはできず，ライン専門職を通じた上記協議をもって会社分割の無効原因に該当すると認めることは困難である」。

「Y 社は，労働組合員に対しては，労働組合員から 5 条協議の委任を受けた本件組合支部等との間で，合計 7 回にわたって協議を行って」おり，5 条協議の手続としては，旧指針が定める内容に基づいて協議を行ったということができることからすれば，「Y 社が 5 条協議を全く行わなかったということはできないし，また，実質的にこれと同視し得る場合であると評価することもできないから，会社分割の無効の原因となるような 5 条協議違反があるということはできない」。

3　X_1 らが主張する承継拒否権の有無及び民法625条の脱法行為の主張について

「旧商法の会社分割及び旧法においては，承継される営業に主として従事する労働者について，承継拒否権を定めた規定はない。……旧商法の会社分割及び旧法における会社分割は，労働契約を含む営業がそのまま設立会社等に包括承継されるものであり，……旧法においては労働者の同意を移籍の要件としていないことなどからすれば，分割会社の労働者は，会社分割の際に設立会社等への労働契約の承継を拒否する自由としては，退社の自由が認められるにとどまり，分割会社への残留が認められる意味での承継拒否権」はない。

「X_1 らは，本件会社分割の実態は営業譲渡にすぎず，……7 条措置及び 5 条協議が不十分であって，労働者の同意を不要とした理由を欠き，民法625条 1

項の脱法行為である旨を主張する」が,「労働契約が労働者の同意なくして,設立会社等に当然承継されるのは部分的包括承継であるからであり,……7条措置や5条協議が民法625条の同意の代替措置とされたものではない」。「本件会社分割は民法625条の脱法行為にあたらない」。

Ⅲ 検 討

1 本判決の位置づけ

本件は会社分割に際して設立会社への労働契約承継の効力が争われた事案である。本判決は,旧商法及び旧法上の会社分割法制において,承継営業に主として従事する労働者が本人の意思に関係なく,設立会社に承継されるという「承継される不利益」の問題につき,裁判例としての判断が示されたという位置づけができる。2001年4月商法改正により創設された会社分割制度は,承継営業に主として従事する労働者の労働契約を分割計画書等に記載すれば,その労働契約は当該設立会社等に承継される「部分的包括承継」原則を採用した(旧法3条)。承継営業に主として従事する労働者には,明文上,異議申立権が付与されておらず(旧法3条)かつ民法625条1項の適用が排除されたことから,「労働者の承諾」なくして,設立会社への移籍が可能となった。

そうすると,会社分割時に従前の労働条件が維持され,会社分割を理由とする解雇が認められないとしても,その後の事業展開や不採算部門と見込まれる事業統合の結果,その行き先で将来的に労働条件の不利益変更が行われる,或いは希望退職募集や整理解雇といった人員削減がなされる,極端な場合には事業そのものが売却され廃業に追い込まれるという事態も想定される。この場合,労働者は将来的に自らがたどるかもしれない雇用不安の問題につき,民法625

---

3) グリーンエクスプレス事件・札幌地決平17. 7 .20労働法律旬報1647号66頁は,会社分割における「承継されない不利益」の問題にかかわる事案である。

4) 本久洋一「旧商法上の会社分割にともなう労働契約承継に際しての法定協議手続の履行の有無」労働法律旬報1657号(2007年)12頁は,本件のX₁らが被る将来的な労働条件の不利益変更問題につき,①企業規模の変化,②資本系列の変化,③1社2社制度の併存,と整理する。

条1項の代替措置として挿入された，5条協議の履行プロセスが軽視されるとするならば，自己の意思を表明する機会もないまま事業もろとも他社に承継されることになってしまうのか。或いは，商法上の法整備とは別に，会社分割法制上の「承継される不利益」の問題につき，労働法の観点から問題はないのか。今後，本判決の示した判断枠組みやそこから導かれた結論につき，学説上の検証やさらなる判例法理の展開がなされ，将来的には立法的手当ての必要性も検討されよう。

2　判旨の検討

(1)　法定手続きの不履行と労働契約承継について

本判決は，判旨1で，分割無効の訴えという手続きによらずに，5条協議[5]の不履行等[6]を理由とする会社分割の無効原因を主張して設立会社との間に労働契約が承継されない旨を主張することは許されるとした。会社分割の無効は分割無効の訴えを提起することのみによって主張される（旧商法374条の12，同条の28）との一般的な理解[7]からすれば，会社分割に伴う労働契約承継が無効となる法的原因がある場合には，労働契約上の地位確認訴訟において労働契約承継の無効を主張する可能性を認めたことは積極的に評価できる。なぜなら，会社分割の有効・無効を問うことなく，労働契約の承継の不承継を認め得ると解することは，設立会社への労働契約承継を望まない労働者に対する救済可能性が担保されるからである。

5条協議にかかわる国会答弁[8]に基づけば，5条協議に重大な瑕疵が存した場合，つまり，協議が全く行われなかった場合又は実質的にこれと同視し得る場

---

5)　旧商法附則5条1項は，「会社分割に伴う労働契約の承継に関して，分割会社は，分割計画書または分割契約書を本店に備え置くべき日までに，事前に労働者と協議する義務を負う」とする。

6)　5条協議の不履行等の文言に7条措置の不履行も含まれるのか否かという疑問を呈せよう。

7)　原田晃治「会社分割法制の創設について（中）平成12年改正商法の解説」商事法務1565号（2000年）10頁。

8)　労働省労政局労政課編『労働契約承継法』（労務行政研究所，2001年）87頁（細川清政府参考人答弁）。

合には，会社分割無効の原因となり得るとされていた。学説上は，承継営業に主として従事する労働者で5条協議が十分なされていない者については民法625条の原則にもどり労働契約の承継につき改めて同意を必要とするとの見解[9]，或いは当該労働者に承継か残留かの効果を受け入れるか否かの選択権が付与されるとの見解[10]が，相対的無効説として主張されてきた。相対的無効説は，分割そのものを無効にすることは余程のことがないと出来ないことから，個別労働者への協議義務の不履行が存することを前提に労働契約承継無効の主張を認めるというものである。

本判決は，相対的無効説に類似した外観をとりながらも，「会社分割の無効事由が認められない限り，会社分割の効果である労働契約の包括承継自体の無効を争う方法はない」とし，会社分割の無効原因がある場合にのみ労働契約の不承継の主張ができるという判断枠組みを示した。そうすると，分割会社は協議の外形を作出すれば協議違反を問われることは極めて稀な事態となるし，協議義務違反を問われることは事実上ありえない[11]。本判決のこの部分の判断枠組みは，労働契約上の地位確認訴訟の救済可能性をも減殺してしまうと考える。

(2) 法定手続きの履行の有無について

判旨2は，本判決の本件事案に対する7条措置と5条協議の履行手続きに対する評価にかかわる判断部分である。7条措置と5条協議の関係は，会社分割に際し，労働者全体を相手方とする集団的協議と個別労働者を相手方とする個別的協議という2段階の法定協議を通じ，労働者及び労働組合に労働契約承継につき通知をなすことを分割会社に義務づけるものである。旧法7条は，「分割会社は，当該分割に当たり，厚生労働大臣の定めるところにより，その雇用する労働者の理解と協力を得るよう努めるものとする」として，分割会社に努力義務を課す[12]。7条措置の不履行の法的効果につき行政解釈は存せず，学説上[13]

---

9) 野川忍「会社分割における労働組合の法的機能」季刊労働法197号（2001年）81頁。
10) 岩出誠「会社分割における労働契約承継の実務（5）」労働判例800号（2001年）95頁。
11) 小池拓也「権利闘争の焦点　日本IBM会社分割事件横浜地裁判決について」季刊労働者の権利270号（2007年）77頁。
12) 同規定を受け，旧規則4条は，労働者の理解と協力を得ることの具体的内容を明らかにしており，さらに協議事項については，（旧指針2の4（2）ロ）が，具体例を例示している。
13) 旧法7条違反の法的効果にかかわる学説としては，例えば，野田進「持株会社のもと

も直接的な効果を認めない見解が一般的である。この点，本判決は判旨の1において「仮に7条措置の不履行が分割の無効原因となり得るとしても」と述べ，7条措置の不履行が無効原因となり得るとの見解を述べたとも考えられる。もっとも，7条措置にかかわる事実認定と結論部分では，本件においては，7条措置は履行されたと評価した。

　5条協議義務が履行されなかった場合の法的効果の問題は，理論的に未解明であり議論が存していた。立法者の見解は，5条協議の趣旨は会社分割というのは労働者の地位に重大な影響を及ぼすから分割会社は労働者本人と協議しその意向を十分に聞いて労働契約承継について決めるべきであるが協議の成立は要件ではない[14]というものである。本判決もかような見解と同様に協議の成立を求めるものではない。本判決は，H事業に従事するライン専門職或いはライン従業員に対する5条協議の評価については，多数従業員が移籍に同意する意向を示したこと，或いは個別協議に至らなかった従業員についてはラインでの説明会で移籍に同意していたと考えられることから，5条協議の手続きは履行されたと判断した。また，本件組合支部に対する5条協議の評価については，旧指針に即した説明がなされ，X_1らが移籍に反対であることの意見も聴取していることから，5条協議の手続きは履行されたと判断した。

　しかし，本判決は外形的・形式的な審査態度に終始しているように見受けられる。果たして，本件5条協議が旧指針の求める十分説明し本人の希望を聴取した上で協議するという要請に答えたものと評価できるだろうか[15]。立法措置によって，承継営業に主として従事する労働者については民法625条1項の意思の表明の機会を奪ったことを想起し，厳格な審査をなすべきであった。5条協議における手続き或いは協議内容が豊富化され，個別労働者の納得性を高めたときに，はじめて，5条協議がX_1らの民法625条1項の同意の代替措置に代

での労働契約承継」季刊労働法197号（2001年）48頁，唐津博「会社分割と事前協議の法ルール」南山法学25巻4号（2002年）36頁。本久・前掲注4)26頁は，旧法7条違反は，旧商法改正法附則5条1項違反を推定させる重要な判断要素であるとの見解を主張する。

14) 原田晃治（講演）「会社分割と商法改正」菅野和夫=落合誠一『会社分割をめぐる商法と労働法』別冊商事法務236号（2000年）19頁。

15) 前掲注4)21頁は，説明，意見聴取，協議，の3段階での本件5協議の杜撰さを指摘する。

わり得ると考えるべきであろう。

(3) X_1らが主張する承継拒否権の有無及び民法625条の脱法行為の主張について

判旨3は，X_1らが主張する承継拒否権の有無及び民法625条の脱法行為の主張に対する判断部分である。まず，本判決は，「設立会社等への労働契約の承継を拒否する自由としては，退社の自由が認められるにとどまり，分割会社への残留が認められる意味での承継拒否権」はないとした。確かに，日本の現行の条文上の根拠としては，承継拒否権の根拠は存しないので，解釈論としてはやむを得まい。しかし，将来的な立法論的検討課題としては，包括承継原則に，労働者の個別的同意を組み込むことは，労使間の不均衡な交渉力を見据えたうえでの周到な制度設計といえる。[16]この点は，例えば，ドイツ法上の事業譲渡規制を参照することで明らかとなる。BGB 613条aは，事業譲渡時の労働契約上の権利及び義務関係を存続させることで，あらゆる企業再編類型において労働契約及び労働条件の保護を図っている。ドイツの事業譲渡規制は「事実上の包括承継」による法的構成をとりながら，労働者の異議申立権とそれに資する情報提供を保障する。

つぎに，民法625条の脱法行為の主張に対して，本判決は「7条措置や5条協議が民法625条の同意の代替措置とされたものではない」とした。しかしながら，5条協議の趣旨は「包括分割のために民法625条の同意条項が排除され，……労働者は自分が知らない間によその会社に移籍されてしまう，あるいは残されてしまう，それを何とかしたいという救済措置，625条に対する代償措置としてここに入れた」（平成12年5月23日参議院法務委員会における細川清の答弁）という国会答弁があったことは，今一度，確認する必要がある。本判決は，かような立法者意思を等閑視した。しかし，その理由づけは「労働者の同意を要することなく当然承継されるのは部分的包括承継であるから」という説明にとどまり，説得力があるとはいい難い。立法者意思に反する判断をするなら，理

---

[16] 春田吉備彦「ドイツにおける企業再編と労働法」日本労働法学会誌106号（2005年）190頁。ドイツ法においては，事業譲渡の概念に，組織変更法の定める，合併，分割，財産譲渡，形式変更，の概念も含むかたちで，問題処理を行っている。

論的根拠や利益考量が示されるべきである。[17]

　民法625条1項の「労働者の承諾」条項は，在籍出向法理及び転籍法理，或いは事業譲渡（平成17年商法改正前の営業譲渡）法理において，使用者の不当な意思を制約する制定法上の根拠として重要な機能を有してきた。本件の事実関係に見られるように，X_1 らの要求は事業の先行きが見えない D_1 社への移籍ではなく，Y社内での配置転換或いはY社から D_1 社への在籍出向であった。会社分割制度制定前の企業実務上の対応としては，転籍に民法625条1項の「労働者の承諾」が必要である[18]ことを前提に，転籍の条件整備にかかわる交渉を労働者や労働組合が行うことが可能であった。かような民法625条1項の有する機能を無視して，本判決が5条協議を民法625条の同意の代替措置ではないと解するならば，それなりの説得力のある説明をなす必要があろう。

　さらに，事業譲渡にかかわる「承継される不利益」問題において，判例法理は，民法625条1項を有効な歯止めとしてきた。十倉紙製品事件（大阪地判昭34.7.22労民集10巻6号999頁）では，判決は「譲受人において譲渡人が従前雇傭していた労働者の引き継ぎを強制されるものではなく，また労働者も新しい企業者との間にまで労働契約を存続すべく義務づけられるものではないから，……従前の労働関係が当然に譲受人に移転」しないとしている。[19]企業再編類型が異なれば，「承継される不利益」の問題につき，民法625条1項の適用を排除するという立法措置が首尾一貫した法的対応といえるのかといった根源的な問題を本件事案は浮き彫りにしたと考える。

3　結びにかえて

　企業組織再編成の法整備として，商法上，会社分割制度が制定された。本判

---

[17]　前掲注11）78頁。
[18]　三和機材事件・東京地決平4.1.31判例時報1416号130頁。
[19]　本位田建設事務所事件・東京地判平9.1.31労判712号17頁も，民法625条1項を適用し，事業譲渡による労働契約の承継を拒否した労働者に関して，譲渡人に自己都合の退職金支払を命じた。かような問題処理は，事業譲渡による企業主体の変更により旧企業と従業員との労働契約関係は当然に新企業に承継されないとして，旧企業に雇用上の地位の継続を求めた，茨木消費者クラブ事件・大阪地決平5.3.22労判628号12頁でも見てとれる。

決の立場に立てば，会社分割法制上の7条措置或いは5条協議という法定手続きにおいて，分割会社が情報提供と意見聴取という手続きを実質的に履行すれば，労働契約の包括承継がなされる。[20]商法の規制とは別に，労働法の問題が生じたとするならば，そこには制度設計の歪みがあるとも考えられる。7条措置の趣旨及び5条協議が民法625条1項の代替措置として挿入された趣旨を軽視するならば，労働者や労働組合が事実上関与する余地のない会社分割手続きに労働者の雇用が自由に委ねられることになり，労働者の雇用は不安定なものになる。本判決の最大の問題はこの点にある。

(はるた　きびひこ)

---

20) 小早川真理「企業の組織再編時における労働法上の問題」日本労働研究雑誌（2008年）66頁。

日本学術会議報告

浅倉　むつ子
（日本学術会議会員，早稲田大学）

1　会員及び連携会員の改選について

現在20期である日本学術会議は，2008年9月末で終了し，これをもって現在の会員と連携会員の半数が改選される。改選されるのは会員・連携会員のうち3年任期の者であって，会員の105名，連携会員の950名がそれにあたる。新たな会員・連携会員は，日本学術会議が自ら選考するものとされている。

手続きは以下のようになっている。まず，会員と連携会員によって，会員候補者および連携会員候補者が推薦され，推薦された者の中から，学術会議に設けられている選考委員会が選考を行う。会員および連携会員による候補者推薦の手続きは，会員候補者については2007年10月〜11月の2月間，連携会員候補者については，2008年2月〜3月の2月間に行われる。その後，選考委員会による選考は，会員については2008年1月〜3月，連携会員については5月に行われ，会員・連携会員ともに，承認は7月，発令は10月1日という予定である。

2　第151回総会（2007年10月）

日本学術会議の第151回総会が，2007年10月10日〜11日にかけて行われた。金澤一郎会長から，前回の総会（2007年4月）以降の学術会議全体の活動報告がなされ，その後に，「科学と社会委員会年次報告等検討分科会」の瀬戸委員長から，「年次報告──新生日本学術会議2年目の活動報告」が行われた。この報告書は，2006年10月から2007年9月までの日本学術会議の活動状況等をとりまとめたものであり，報告全文は日本学術会議のHPに掲載されている。

続いて，2008年4月総会での採択をめざして，「日本学術会議憲章（草案）」について，「憲章起草委員会」の鈴村委員長から説明がなされ，これをめぐって討論が行われた。また，「外国人科学者の日本学術会議における位置づけ」について，活発に議論がなされた。これは外国人を「会友」という称号のもとに協力を得る仕組みを創設することの提案である。さらに，学術会議地区会議運営要綱の一部改正について報告が行われ，「科学と社会委員会科学力増進分科会」の毛利委員長から，「サイエンスアゴラ2007」の開催案内や科学技術リテラシーの報告がなされた。

そのほか，野依良治会員（第3部）の特別講演「知識基盤社会におけるわが国大学院のあるべき姿——グローバル・エクセレンスを目指す」が行われた。野依報告は，日本の大学院の問題点として，①研究重視と教育軽視，②大学院と学部の縦割構造，③個人指導への偏りと知の分散を指摘しており，大胆な提言は議論の素材として有益なものであった。この内容は，「学術の動向」2007年12月号に掲載されている。

3　第1部の活動について

人文社会科学分野である第1部には，10の分野別委員会があり，その下には62の分科会が設置されている。分野別委員会の活動については，分野別委員会活動ファイルを作成して，学術会議のHPにアップし，また，分科会の活動についても，「第1部ニューズレター」を発行し（現在，第7号まで発行されている），情報を共有している。

第1部の独自の課題として，第1部拡大役員会では，分科会の運営をめぐって議論を行い，その結果，分科会の作成する対外報告を適切なものとして準備するために，査読体制を整えることにした（「第1部関連分野別委員会および分科会が作成する対外報告案の取扱いについて（了解事項）」）。20期から21期にかけて，分科会の存続と見直しをどのように行うのかについても，議論を行っている。

国際活動に関しては，日本学術会議が加盟している数少ない人文社会系の国際学術組織であるアジア社会科学研究協議会連盟（AASSREC）の第17回総会が，2007年9月27日〜30日に名古屋大学で開催され，成功したことが大きい。この内容は，「学術の動向」2008年2月号に掲載されている。第1部恒例の冬季部会は，2007年12月1日〜2日にかけて，名古屋の中京大学を会場として，「21世紀の大学教育を求めて——新しいリベラル・アーツの創造」をテーマに開催された。この内容も，「学術の動向」2008年5月号に掲載する予定である。

4　法学委員会の活動について

法学委員会の下には，11の分科会が存在しているが，それぞれの活動内容を共有するために，法学委員会としてもニューズレターを発行している。第1号は2007年5月に，第2号は同年10月に発行された。それぞれの分科会は活発に研究会をもち，公開シンポジウム等の活動を行っている。2008年3月11日に，法学委員会は合同分科会を開催する予定である。

（2008年2月22日）

◆ 日本労働法学会第114回大会記事 ◆

　日本労働法学会第114回大会は，2007年10月14日（日）立命館大学において，「労働法におけるセーフティネットの再構築――最低賃金と雇用保険を中心として」を統一テーマとして開催された（敬称略）。

1　報　告
統一テーマ「労働法におけるセーフティネットの再構築――最低賃金と雇用保険を中心として」
司会：野田進（九州大学），中窪裕也（一橋大学）
報告内容：
中窪裕也（一橋大学）「シンポジウムの趣旨と構成」
柳澤武（名城大学）「最低賃金法の再検討――安全網としての機能」
丸谷浩介（佐賀大学）「失業時の生活保障としての雇用保険」
山下昇（九州大学）「雇用保険給付の政策目的とその役割」
中内哲（熊本大学）「再就職支援に果たすハローワークの役割――失業認定・職業紹介の現状と課題――」
矢野昌浩（琉球大学）「雇用社会のリスク社会化とセーフティネット」

2　総　会
　1．理事選挙の結果について
1）　山川隆一選挙管理委員長より，2007年7月に行われた理事選挙の結果，以下の通り当選者が確定したことが報告された。任期は2007年10月の総会より3年である。
　　荒木尚志，石井保雄，石橋洋，鎌田耕一，毛塚勝利，道幸哲也，中窪裕也，西谷敏，山田省三，和田肇（以上，敬称略・50音順）。
2）　有田謙司監事より，本日の当日理事会において以下の者が選出されたことが報告され，総会において右の通り承認された。
　　大内伸哉，奥田香子，根本到，村中孝史，萬井隆令（以上，敬称略・50音順）。

2．第115回大会およびそれ以降の大会について
1）村中孝史企画委員長より，今後の大会予定に関し以下の通り報告がなされた。

◆ 115回大会 ◆
(1) 期日，会場
・期日：2008年5月18日（日）
・会場：熊本大学
(2) 報告テーマ
1）個別報告
藤原淳美（志學館大学）「米国企業内紛争処理システムの法的規制」
司会：中窪裕也（一橋大学）
坂井岳夫（同志社大学院）「秘密保持義務の法的構造──ドイツ法・アメリカ法を参考にして──」
司会：土田道夫（同志社大学）
細谷越史（香川大学）「労働者の損害賠償責任制限法理──ドイツ法の検討をふまえて──」
司会：西谷敏（近畿大学）
畑中祥子（中央大学院）「企業年金受給権保護の日米比較」
司会：角田邦重（中央大学）
2）特別講演
　下井隆史会員に講演の依頼を行い，快諾いただけたことが報告された。なお，テーマについては，未定である。
3）ミニシンポジウム
①「労務供給の多様化（請負・労働者派遣）をめぐる今日的課題──格差社会の一断片（仮題）」
担当理事：浜村彰（法政大学）
司会：未定
報告者（報告タイトルは仮題）：
中野麻美（弁護士）「請負・労働者派遣の現状と今日的課題──総論的検討──」
沼田雅之（法政大学）「労務供給の多様化をめぐる法政策の総括的検討」
浜村彰（法政大学）「請負・労働者派遣の今後の法的規制のあり方」
②「外国人の研修・技能実習制度の法律問題──労働法及び社会保障法の適用問題を中心として──」
司会・担当理事：小宮文人（北海学園大学）

報告者：
野川忍（東京学芸大学）「外国人研修・技能実習制度への法律適用を考える基本的な枠組みについて」
早川智津子（岩手大学）「労働法の適用を考える」
片桐由喜（小樽商科大学）「社会保障法の適用を考える」
③「有償ボランティア，NPO（福祉など）の労働法（仮題）」
司会・担当理事：村中孝史（京都大学）
報告者：
浦坂純子（会員外・同志社大学）「報告題未定」
皆川宏之（千葉大学）「報告題未定」

◆ 116回大会 ◆
(1) 期日，会場
・期日：2008年10月13日で調整中であると報告された。
・会場：東洋大学
(2) 大シンポジウム
統一テーマ：「企業システム・企業法制の変化と労働法（仮題）」
担当理事：石田眞（早稲田大学）・山田省三（中央大学）
報告者（予定）：毛塚勝利（中央大学）・新谷眞人（日本大学）・本久洋一（小樽商科大学）・有田謙司（専修大学）・米津孝司（中央大学）
演題：未定

◆ 117回大会 ◆
期日・会場：未定
　基本的な構成は従来通りとするが，以下の点について変更を考慮することが報告された。
　①特別講演については，適任者に了解を得られた場合にのみ実施すること。
　②ミニシンポジウムについては，(1)参加者の自由な発言を促すというミニシンポの趣旨が損なわれている印象がある（大シンポの縮小版化）(2)ミニシンポの報告者に偏りが見られる（同じ会員が複数回報告する例が散見される）という問題点が企画委員会において指摘された。対応策として(1)報告本数を原則として2本とし，議論の時間を1時間半程度は最低限確保するように努める，(2)企画委員会でテーマを決定することについては変わらないが，担当理事を企画委員の理事に限ることなく，広く理事会の中から担当理事を募るものとする，という方法が提起され，企画委員

会および前日理事会で承認された。

3．学会誌について

根本到編集委員より，学会誌110号の発行・発送が，114回大会の開催後，11月末ごろとなる見通しである旨，111号の締切については12月末とし，発行・発送については次回115回大会に間に合うように努めることが報告され，総会において了解された。

また，編集委員の交代等について，以下の通り報告された。

編集委員であった，相澤美智子（一橋大学）会員，川田知子（亜細亜大学）会員，原昌登（成蹊大学）会員が退任し，新たに名古道功（金沢大学）会員，勝亦啓文（桐蔭横浜大学）会員，桑原裕美子（東北大学）会員が編集委員に就任したことが報告された。

編集委員長であった浜村彰（法政大学）会員が退任し，新たに山川隆一（慶應義塾大学）が編集委員長に就任することが報告された。

島田陽一事務局長より，査読規程改正案について，改正案が提出されるに至った経緯についておよび以下の通りの改正案が査読規程改正検討作業部会による改正案の提示を元に理事会における修正・承認を経て提案がなされた旨報告され，承認された。

査読規程第2条
旧：「学会誌の掲載論文等は査読の対象とされる。」
新：「学会誌の掲載論文のうち，投稿論文（個別報告にかかる論文を含む）および「回顧と展望」に関わる論文は査読の対象とされる。」

改正後の規約については，学会誌111号（114回大会報告分）から適用されるものとされる。また，改正後の規約については，学会誌に掲載するほか，HPにおいても掲示を行い，周知を図るものとされた。

4．日本学術会議報告

浅倉むつ子会員より以下の報告がなされた。

(1) 学会誌110号で最新の報告を行っている。同号の記述以降の動向について報告する。10月10日，11日に第151回総会が行われた。学術会議では2008年4月の総会に向けて学術会議憲章を作る予定であり，その憲章案について議論を行った。また，外国人科学者につき，会友という称号のもとに今後協力を得る仕組みを作ることを検討した。

(2) 第一部（人文・社会科学分野）の分野別委員会については学術会議のホーム

ページで，随時活動内容を報告しているので，是非ホームページを参照してほしい。第一部の冬季部会が，12月2日中京大学の名古屋キャンパスで「21世紀の大学教育を求めて 新しいリベラル・アーツの創造」と題して開催される。
(3) 法学委員会には11の分科会がある。各分科会の活動内容を法学委員会のニュースレターにてお知らせしている。第20期の学術会議が来年会期を終了する予定であるので，それに向けて文書をまとめる作業を行っている。第20期の終了を目前にして，第21期の会員・連携会員の選出作業も進行中である。

5．国際労働法社会保障法学会

荒木尚志会員より，以下の報告がなされた。
(1) ベンジャミン・アーロン氏の逝去について
　国際労働法社会保障法学会元会長ベンジャミン・アーロン氏が8月25日に逝去された。同氏は比較法研究の草分けとして，比較法研究のネットワークを築いた中心人物であられた。
(2) 今後の国際会議のスケジュールについて
　2007年10月31日から11月2日まで，サントドミンゴ（ドミニカ共和国）にて，第8回アメリカ地域会議が開催される。
　2008年9月16日から18日までフライブルグ（ドイツ）で第9回ヨーロッパ地域会議が開催される。また，2009年9月1日から4日までシドニー（オーストラリア）で第19回世界会議が開催される予定である。
　詳細についてはメールあるいは支部会報で案内をしている。

6．入退会について

　島田陽一事務局長より退会者1名・物故会員2名および以下の14名について入会の申込みがあり理事会にて承認された旨が報告された。
　笠木映里（九州大学），松本和彦（北陸大学），渋谷典子（NPO法人参画プラネット），飯塚一英（社会保険労務士），塩見卓也（弁護士），秋元美世（東洋大学），山脇義光（社会保険労務士），池田悠（東京大学），上田憲一郎（三井住友銀行），河田明希（群馬社会福祉大学院），長村貴美恵（群馬社会福祉大学院），小須田浩寿（群馬社会福祉大学院），永山洋子（群馬社会福祉大学院），脇巖（社会保険労務士）

7．その他

　学会通信の巻頭言について，若干の質問があった。

◆ 日本労働法学会第115回大会案内 ◆

1　日時：2008年5月18日（日）
2　会場：熊本大学（熊本県立大学より会場変更）
3　個別報告・特別講演・ミニシンポジウムの内容（以下，敬称略）
1）　個別報告
藤原淳美（志學館大学）「米国企業内紛争処理システムの法的規制」
司会：中窪裕也（一橋大学）
坂井岳夫（同志社大学院）「秘密保持義務の法的構造――ドイツ法・アメリカ法を参考にして」
司会：土田道夫（同志社大学）
細谷越史（香川大学）「労働者の損害賠償責任制限法理―ドイツ法の検討をふまえて」
司会：西谷敏（近畿大学）
畑中祥子（中央大学院）「企業年金受給権保護の日米比較」
司会：角田邦重（中央大学）
2）　特別講演
下井隆史会員。テーマは未定である。
3）　ミニシンポジウム
①「労務供給の多様化（請負・労働者派遣）をめぐる今日的課題――格差社会の一断片（仮題）」
担当理事：浜村彰（法政大学）
司会：未定
報告者（報告タイトルは仮題）：
中野麻美（弁護士）「請負・労働者派遣の現状と今日的課題――総論的検討」
沼田雅之（法政大学）「労務供給の多様化をめぐる法政策の総括的検討」
浜村彰（法政大学）「請負・労働者派遣の今後の法的規制のあり方」
②「外国人の研修・技能実習制度の法律問題――労働法及び社会保障法の適用問題を中心として――」
司会・担当理事：小宮文人（北海学園大学）
報告者：

野川忍（東京学芸大学）「外国人研修・技能実習制度への法律適用を考える基本的な枠組みについて」
早川智津子（岩手大学）「労働法の適用を考える」
片桐由喜（小樽商科大学）「社会保障法の適用を考える」
③「有償ボランティア，NPO（福祉など）の労働法（仮題）」
司会・担当理事：村中孝史（京都大学）
報告者：
浦坂純子（会員外・同志社大学）「報告題未定」
皆川宏之（千葉大学）「報告題未定」

日本労働法学会規約

第1章　総　　則

第1条　本会は日本労働法学会と称する。
第2条　本会の事務所は理事会の定める所に置く。（改正，昭和39・4・10第28回総会）

第2章　目的及び事業

第3条　本会は労働法の研究を目的とし，あわせて研究者相互の協力を促進し，内外の学会との連絡及び協力を図ることを目的とする。
第4条　本会は前条の目的を達成するため，左の事業を行なう。
　1．研究報告会の開催
　2．機関誌その他刊行物の発行
　3．内外の学会との連絡及び協力
　4．公開講演会の開催，その他本会の目的を達成するために必要な事業

第3章　会　　員

第5条　労働法を研究する者は本会の会員となることができる。
　本会に名誉会員を置くことができる。名誉会員は理事会の推薦にもとづき総会で決定する。
　（改正，昭和47・10・9第44回総会）
第6条　会員になろうとする者は会員2名の紹介により理事会の承諾を得なければならない。
第7条　会員は総会の定めるところにより会費を納めなければならない。会費を滞納した者は理事会において退会したものとみなすことができる。
第8条　会員は機関誌及び刊行物の実費配布をうけることができる。（改正，昭和40・10・12第30回総会，昭和47・10・9第44回総会）

第4章　機　　関

第9条　本会に左の役員を置く。
　1．選挙により選出された理事（選挙理事）20名及び理事会の推薦による理事（推薦理事）若干名

2．監事　2名
（改正，昭和30・5・3第10回総会，昭和34・10・12第19回総会，昭和47・10・9第44回総会）
第10条　選挙理事及び監事は左の方法により選任する。
　1．理事及び監事の選挙を実施するために選挙管理委員会をおく。選挙管理委員会は理事会の指名する若干名の委員によって構成され，互選で委員長を選ぶ。
　2．理事は任期残存の理事をのぞく本項第5号所定の資格を有する会員の中から10名を無記名5名連記の投票により選挙する。
　3．監事は無記名2名連記の投票により選挙する。
　4．第2号及び第3号の選挙は選挙管理委員会発行の所定の用紙により郵送の方法による。
　5．選挙が実施される総会に対応する前年期までに入会し同期までの会費を既に納めている者は，第2号及び第3号の選挙につき選挙権及び被選挙権を有する。
　6．選挙において同点者が生じた場合は抽せんによって当選者をきめる。
　推薦理事は全理事の同意を得て理事会が推薦し総会の追認を受ける。
　代表理事は理事会において互選し，その任期は1年半とする。
　　（改正，昭和30・5・3第10回総会，昭和34・10・12第19回総会，昭和44・10・7第38回総会，昭和47・10・9第44回総会，昭和51・10・14第52回総会）
第11条　理事の任期は3年とし，理事の半数は1年半ごとに改選する。但し再選を妨げない。
　監事の任期は3年とし，再選は1回限りとする。
　補欠の理事及び監事の任期は前任者の残任期間とする。
　　（改正，昭和30・5・3第10回総会，平成17・10・16第110回総会）
第12条　代表理事は本会を代表する。代表理事に故障がある場合にはその指名した他の理事が職務を代行する。
第13条　理事は理事会を組織し，会務を執行する。
第14条　監事は会計及び会務執行の状況を監査する。
第15条　理事会は委員を委嘱し会務の執行を補助させることができる。
第16条　代表理事は毎年少くとも1回会員の通常総会を招集しなければならない。
　代表理事は必要があると認めるときは何時でも臨時総会を招集することができる。総会員の5分の1以上の者が会議の目的たる事項を示して請求した時は，代表理事は臨時総会を招集しなければならない。
第17条　総会の議事は出席会員の過半数をもって決する。総会に出席しない会員は書面により他の出席会員にその議決権を委任することができる。

日本労働法学会規約

第5章　規約の変更

第18条　本規約の変更は総会員の5分の1以上又は理事の過半数の提案により総会出席会員の3分の2以上の賛成を得なければならない。

学会事務局所在地
　〒169-8050　東京都新宿区西早稲田1-6-1早稲田大学大学院法務研究科
　　　　　　　島田陽一研究室
　　　　　　　TEL：03-5286-1310
　　　　　　　FAX：03-5286-1853
　　　　　　　e-mail：rougaku@gmail.com

SUMMARY

Purpose and Structure of the Symposium

Hiroya NAKAKUBO

This symposium is to review the systems of minimum wage and unemployment insurance. The Minimum Wage Act of 1959 and the Employment Insurance Act of 1974, which replaced the former Unemployment Insurance Act of 1947, have provided the essential income safety net for Japanese workers. However, in the 1990s and the 2000s, the unemployment rate soared to an unprecedented level reflecting the slumping economy, and the increase of non-regular employment highlighted the problem of low-wage workers. While the both statutes underwent major amendments recently, we have yet to examine the entire system from a broader perspective. The following five articles will tackle this task, with the hope of arousing the interest of labor law scholars in these issues.

SUMMARY

Reform of the Minimum Wage Law : The Role as the Safety Net for Employment

Takeshi YANAGISAWA

Minimum wage law is sometimes referred to as "the historical product". Actually, there are various minimum wage laws reflected in the specific history of each country.

The world's first minimum wage law was the Industrial Conciliation and Arbitration Act of 1894 in New Zealand. As the name of law implies, the Arbitration Court settled industrial disputes by fixing minimum wages that could be made binding for workers in the industry and district. In the past United Kingdom, the Thatcher administration repealed the wages council system, however the Labour Party then introduced National Minimum Wage Act of 1998. Germany is one of the countries without a centralized minimum wage system, but the national minimum wage law has now come under review.

The "working poor" has emerged as a social issue of the contemporary era, and the many people recognize the importance of the having a new minimum wage law in Japan. This year, the House of Representatives deliberated on a bill for fixing the minimum wage to take into consideration welfare benefits. Though the bill was straggled to be passed initially, the government party adjusted it and put off deliberation resulting in congress eventually agreeing to submit it. It's high time for us to assess the appropriateness of the new law.

In the United States, the Living wage campaigns drive for an enactment of minimum wage ordinances. Furthermore, Prof. Quigley proposes constitutional amendments to ensure that all people have the right to work and earn a living wage. This concept is not only an exciting theoretical challenge but also translate into reality. On November 2, 2004,

SUMMARY

a minimum wage provision was added to the Florida Constitution, and on May 2, 2005 this Amendment went into effect.

Finally, I will give an interpretation of the new minimum wage law as well as give suggestions for the reform of it. We should recognize the necessity of the minimum wage law as a safety net. I believe now is an important time for us to think about this issue.

So, my report is as follows:

I Introduction
II The Changing of Minimum Wage Law's Function — Historic Evolution
III New Developments of Minimum Wage Law in the United States
IV Development of the Minimum Wage Law in Japan
V Delineation of the Direction for Minimum Wage Law

SUMMARY

Employment Insurance as a Safety Net

Kosuke MARUTANI

　Employment insurance has the purpose of life security of the unemployed. Therefore, the following three points are necessary. (1) The appropriate level of benefits, (2) The number of benefit days is appropriate, and (3) that insurance can be widely applied for the unemployed. However, the claimant unemployment ratio of recipients is dropping, and safety nets have decreased those functions. The cause is that employment form has been diverse, and unemployment situation has been prolonged. This paper is based on this kind of change, to discuss below. First, the employment insurance eligibility is needed to expand it. Second, the prescribed number of days is to be extended the benefits of it. Third, unemployment assistance is needed such as European system.

I　Introduction
II　Jobseeker's Allowance as a safety net
　1　Jobseeker's Allowance
　2　Employment insurance as a safety net
III　Insurance coverage
　1　The insured
　2　Short-time employee and employment insurance
　3　Fixed-term employment contract and employment insurance
IV　Benefit days
　1　Concepts of the benefit days
　2　Long-term unemployment
V　Rebuilding of employment insurance
　1　Point of view

2　Unemployment assistance and National assistance
Ⅵ　Conclusion

SUMMARY

The Policy Aims and Roles of the Employment Insurance Benefit

Noboru YAMASHITA

I　Introduction
　1　The Transition of the Aims of Unemployment Insurance
　　(1)　The Roles of Unemployment Insurance Benefits in Labor Market
　　(2)　Unemployment Insurance
　　(3)　Employment Insurance
　　(4)　Employability Insurance
　2　The Subject of My Report

II　The Aims and Roles of the Unemployment, etc. Benefit
　1　Promoting Re-Employment — Re-Employment Allowance
　2　Preventing Unemployment
　　(1)　Continuous Employment Benefits for Older Persons
　　(2)　Childcare and Family-Care Leave Benefit
　3　Stabilization of Employment — Educational Training Benefit

III　The Aims and Roles of Services for the Stabilization of Employment, Etc.
　1　The Intent of Services for the Stabilization of Employment, etc.
　2　Preventing Unemployment
　3　Stabilization of Employment and Promoting Re-Employment
　4　Promoting the Employment of Physically Disabled Persons and Others Having Difficulty in Finding Employment
　5　The Roles of Services for the Stabilization of Employment, etc.

V　Conclusion

SUMMARY

Die Rolle des Arbeitsamtes für Unterstützung der Wiedereinstellung : Die heutige Situation und die Aufgabe über die Bestätigung der Arbeitslosigkeit und die Arbeitsvermittlung

Satoshi NAKAUCHI

I Einleitung — Das Ziel dieses Aufsatzes usw

II Der Bestätigungsprozess der Arbeitslosigkeit
　　　　　— Die Hürde zum Empfäng des Arbeitslosengeldes
  1 Die Rechtsprobleme vom Bestätigungsprozess der Arbeitslosigkeit
  — Das ungefähre Lage über die bisherige Lehre und Rechtsprechung
  2 Die neue Streitpunkte
    (1) Die Existenz von Arbeitslosen, die kein Arbeitslosengeld empfängen kann
    (2) Der Wandel der Standards über die Bestätigung der Arbeitslosigkeit und die Leistungsbeschränkung des Arbeitslosengeldes
  3 Zusammenfassung

III Die Arbeitsvermittlung — Das Angebot vom konkreten Job
  1 Die heutige Situation des Arbeitsvermittlungsunternehmens vom Arbeitsamt
  2 Der neue Typ der Arbeitsvermittlung — Die versuchte Arbeit
  3 Die Deregulierung und das Arbeitsamt — Der genötigte Test zur Marktfähigkeit
  4 Der Weg zum konkreten Job — Die heutige Situation der Berufsausbildung und der neue Versuch

SUMMARY

 5 Zusammenfassung
  (1) Die Arbeitsvermittlung
  (2) Die Berufsausbildung

Ⅳ Der Schluss — Zwei Schlüsselwörter für Unterstützung der Wiedereinstellung vom Arbeitsamt

SUMMARY

Workers' Safety Net and the Employment in the Risk Society

Masahiro YANO

I　Introduction
　1　Polarization of the Labour Market in Japan
　2　Concepts of "Safety Net" and "Risk Society"
　3　Perspectives on the Labour Market Reforms

II　Minimum Wage and Employment Insurance System
　1　Minimum Wage
　　(1)　The Roles in the Labour Market
　　(2)　The Actualities and the Problems in Japan
　2　Employment Insurance
　　(1)　The Roles in the Labour Market
　　(2)　The Particularities and the Problems in Japan
　3　Conclusions

III　Towards the Reforms of Minimum Wage and Employment Insurance System in Japan
　1　Employment-oriented Safety Net and the Concept of "Social Inclusion"
　2　Minimum Wage
　　(1)　Between the Right and the Labour Market Policies
　　(2)　Several Suggestions
　3　Employment Insurance and Services
　　(1)　"Activation Strategies" and the principle of "Mutual Obligations"
　　(2)　Several Suggestions

SUMMARY

IV General Conclusions
   1 Beyond the Concept of Safety Net
   2 Rights-based Approach from the Right to Work

編集後記

◇ 本号は，2007年10月14日に立命館大学で開催された第114回大会シンポジウム報告論文を中心に構成されている。第114回大会では，「労働法におけるセーフティネットの再構築——最低賃金と雇用保険を中心として」がテーマであった。2002年に5％をこえる数字を記録した失業率も，2007年には4％を下回るほどになったが，低成長，再度の景気後退も予測されている。このため，失業・雇用保険をめぐる問題は今日でも検討されるべき政策課題といえる。シンポジウムでは，最低賃金，雇用保険，各種助成金制度，職業紹介と失業認定，雇用社会の「リスク社会化」という総論的な観点等，政策的および原理的な見地からの考察が加えられている。シンポジウムの報告原稿の編集作業にあたっては，本号より，査読が行われないことになった。

◇ 「回顧と展望」の執筆については，従来どおり，査読制度を前提とした短いスケジュールでの執筆をお願いした。原稿を一括して提出できないなか，査読をお引き受けいただいた先生方には特に，厳しいスケジュールでの査読をご協力いただいた。心より感謝申し上げたい。

◇ 浜村彰編集委員長と中窪裕也査読委員長のきめ細かな暖かいサポートにより，無事に編集作業を終えることができた。編集・編纂にあたっては，法律文化社の秋山泰代表取締役，尾﨑和浩さんには大変お世話になった。この場を借りてお礼を申し上げたい。　　（高橋賢司／記）

《学会誌編集委員会》
浜村彰（委員長），山川隆一，名古道功，丸山亜子，橋本陽子，櫻庭涼子，山下昇，本久洋一，上田達子，根本到，桑村裕美子，勝亦啓文，高橋賢司

労働法におけるセーフティネットの再構築
——最低賃金と雇用保険を中心として
日本労働法学会誌111号

2008年5月10日　印　刷
2008年5月20日　発　行

編 集 者　日本労働法学会
発 行 者

印刷所　株式会社　共同印刷工業　〒615-0052 京都市右京区西院清水町156-1
　　　　　　　　　　　　　　　　　電　話 (075)313-1010

発売元　株式会社　法律文化社　〒603-8053 京都市北区上賀茂岩ヶ垣内町71
　　　　　　　　　　　　　　　電　話 (075)791-7131
　　　　　　　　　　　　　　　Ｆ Ａ Ｘ (075)721-8400

2008 Ⓒ 日本労働法学会　Printed in Japan
装丁　白沢　正
ISBN978-4-589-03099-3